그날의 눈물

창원유족회 증언 3집

그날의 눈물

사)한국전쟁민간인희생자창원유족회

특별기고

명각비에 새기고 싶은 역사

노 치 수
사)한국전쟁민간인희생자
창원유족회장

1950년 이승만 정부시절 한국전쟁의 빌미로 전국적으로 백만이 넘는 민간인들이 가족은 물론 쥐도 새도 모르게 죽음을 당했고, 어디에서 어떻게 학살당했는지 아직도 밝혀지지 않은 채 74년이란 세월이 흘렀습니다.

민간인들이 영문도 모른 채 억울하게 죽음을 당하고 학살을 당한 그 후손들은 부모의 얼굴도 상면 못한 유복자뿐만 아니라 많은 아들딸들이 어두웠던 과거의 슬픈 사연을 안고 모진 세파에 시달리다 벌써 70십 중반에 접어든 노인이 되었고 일부는 세상을 떠났습니다.

아버지의 사랑도 제대로 받지 못한 그 자식들은 세상의 냉

대와 연좌제의 굴레에서 평생 가슴의 응어리로 남은 채 기를 펴지 못하며 살아오기도 하였고 또 어떤 후손들은 빨갱이 자식이란 오명을 뒤집어 쓴 채 힘겹게 살아오다 세상을 떠난 유족도 있었습니다.

창원유족회 유족들도 예외는 아니었습니다.

1960년 제4대 국회 때 경남도청에서 옛 마산유족회 간부들이 국회특별조사반에 보고한 내용에 보면 '마산형무소에 예비검속 된 1681명을 다 죽였다'는 이야기만 나올 뿐 마산, 창원, 진해 보도연맹원들을 어디에서 어떻게 얼마나 죽였는지 확실하게 밝혀진 것이 없습니다. 밝혀진 것이라고는 1950년 7월과 9월 사이 네 차례에 걸쳐 괭이바다에서 717명 이상 학살 수장시킨 내용과 창원시 인근 15곳의 산이나 골짜기에서 죽인 것만 알려질 뿐입니다.

정말 천인공노할 노릇 아닙니까?

국가의 공권력에 의해 죽임을 당한지 55년이 지난 2005년 12월 22일 노무현 정부시절 전국의 뜻있는 많은 학자나 시민사회활동가들의 한결같은 요구와 노력으로 진실화해를 위한 과거사정리위원회가 발족하여 활동한 결과 민간인 학살의 진실이 어느 정도 밝혀졌고, 지금 2기 진실화해위원회가 활동 중이지만 세월이 워낙 많이 흐른지라 얼마나 더 진실이 밝혀질지는 아직 알 수 없습니다.

이런 상황에서 창원유족회에서는 2022년 11월 26일 창원시와 경남도의 도움으로 마산합포구 가포동 산73번지의 시부지에 희생자위령탑이 세워지면서 일부 밝혀진 학살희생자들의 이름을 명각비에 새겨 넣기도 하였으며, 그 후손들의 아픈 사연들을 기록으로 남기기 위해 2024년 제74주년 17회 합동추모제에 맞춰 '그날의 눈물'이란 창원유족회 증언 3집을 발간하게 되었습니다.

이 증언 3집에는 유족들의 슬프고 아픈 이야기뿐만 아니라 오래전부터 민간인학살에 관심을 두고 진상규명을 위해 활동하신 분들과 창원유족분들을 위해 물심양면으로 도와주고 계신 대표적인 시민사회단체 몇몇 분들의 이야기도 함께 담았습니다.

이 증언집을 발간하는데 적극적으로 협조해 주시고 도와주신 여러분들에게 진심으로 감사 말씀 드립니다.
정말 고맙습니다.

1부

고마운 분들의
이야기

보도연맹 진상규명을 위해 노력

대담자 / 김 영 만

■ 질문자 : 노치수
대담일 : 2024년 2월 29일

대담자 정보

- 성명 : 김영만
- 생년월일 : 1945년 12월 19일
- 성별 : 남
- 주소 : 창원시 마산 합포구 구산면
- 경력 :
  - –전 민주주의 민족통일 경남연합 상임대표
  - –전 열린사회희망연대 초대 상임대표
  - –전 6.15공동선언실천 경남연합 상임대표
  - –전 경남평화회의 상임대표
  - –전 창원시민주주의전당건립추진위원회 상임대표
  - –현 열린사회희망연대 상임고문

주요 저작

- –도서 : 친일·친독재가 어깨 펴고 사는 나라
- –다큐멘터리 : 친구야 미안하다(시나리오 감독)

대담자 **김영만 상임고문**

■ 김영만 상임고문님을 부를 때 저는 항상 의장님으로 부르는데 오늘도 편하게 의장님으로 부르겠습니다.

김 의장님은 희망연대에서 언제 상임고문으로 한발 물러섰습니까?

"예, 아주 오래 됐습니다. 20년 정도 된 것 같습니다."

■ 희망연대를 언제 결성하여 만든 단체입니까?

"1999년 7월에 창립되었습니다. 제가 상임대표를 한 기간이 6년 정도입니다. 상임대표를 하던 희망연대 초기에 민간인학살 문제가 우리사회의 큰 이슈로 제기되어 사회적 문제가 되었고 따라서 제 임기동안 민간인 학살과 관련된 일들을 많이 하게 되었습니다."

■ 희망연대를 결성하기까지 어려움이 많았을 테고 또 추구하고자 하는 가치는 무엇입니까?

"희망연대를 하기 전 '민주주의민족통일경남연합' 상임대표를 오래 했습니다. 노동자, 농민, 빈민 등 기층민중과 청년학생들을 결집하여 반독재 투쟁과 사회변혁 운동을 하다가 절차적 민주주의가 실현된 시대의 변화를 절감하고 시민운동으로 들어서는 일이 그리 쉬운 일은 아니었습니다. 그러나 뜻을 같이하는 많은 분들이 있었기에 원칙과 상식이 통하는 열린사회, 사람이 사람답게 사는 참세상을 희망하는 사람들의 연대를 목적으로 만들어진 단체입니다. 구체적인 사업으로는 친일·친독재 청산, 역사정의실현, 한반도 평화실현과 3·15의거와 4·19혁명의 상징인 김주열열사 기념사업을 주로 해왔습니다."

■ 의장님께서 언제부터 민간인학살에 관심을 가지시게 되었습니까?

"초등학교 다닐 때부터 부모님 그리고 가까운 친지와 어른들로부터 '보도연맹'이라는 말을 수없이 많이 들었습니다. 그 단어의 뜻이 무엇인지 전혀 알 수 없었지만, 이야기의 내용은 어린 나이에도 충분히 짐작 할 수 있었습니다. 무슨 사건으로 그런 일이 생겼는지는 몰라도 아무튼 집집마다 똑똑하고 잘난 사람들이 어디로 끌려가서 죽었거나 행방불명이 되었다는 정도는 알 수 있었습니다. 어른들이 보도연맹 이야기를 할 때마다, 그 표정이나 말에서 슬픔과 동시에 공포감이 묻어 있다는 것을 어린 나이였음에도 본능적으로 느낄 수 있었습니다. 특히 여맹 간부(조선 부녀총동맹)였던 어머니의 친구 이야기는 제가 성인이 될 때까지 수없이 되풀이하며 안타까워했습니다. 아마 우리 어머니도 사칫하면 연결될 뻔 했던 모양입니다. 그러다 고 1때 4·19 혁명이 일어나고, 여기저기 정치연설장 같은데서 보도연맹 진상규명이니, 괭이바다, 거창·산청 양민학살 같은 놀라운 이야기들이 쏟아져 나왔습니다. 그때서야 어릴 적에 어른들이 쉬쉬하며 하시던 이야기들을 이해하게 되었습니다. 이상하게도 저는 공부보다는 그런 이야기에 더 관심이 많이 가더라고요.”

■ 직계가족 중에 희생자는 없었습니까?
“예. 아무도 없었습니다.”

■ 그러셨군요. 시민운동을 하시면서 민간인학살 문제에 깊은 관여를 하신 것이 다 그런 연유가 있었군요.
“1980년 초, 본격적인 민주화운동에 몸담게 되면서 사람이 사람답게 사는 세상을 만들고자 애썼습니다. 그러다 보니 자연스럽게 약한 자, 못 가진 자, 억울한 자의 편에 서게 되었습니다. 그런 입장에서 한국 현대사를 다시 꼼꼼히 들여다보다 어린 시절, 어른들이 울음을 터뜨릴 듯 한탄하던 보도연맹이라는 단어에서 눈을 뗄 수 없었습니다. 한국판 킬링필드라고 할 수 있는 한국전쟁 전후 민간인 대학살에서 억울하게 돌아가신 분들과 그 유족의 한을 언젠가는 꼭 풀어야 하는 것이 대한민국의 큰 숙제라고 생각했습니다. 좋은 세상은 억울한 사람들이 없어야 하는 세상이기 때문입니다. 그러나 가해자들이 우리 사회의 기득권을 틀어쥐고 있는 한 이는 난망한 일일 뿐만 아니라, 이 불행한 역사가 되풀이 될 수도 있기 때문입니다. 이를 극복 할 수 있는 길은 우리 사회의 지속적인 민주발전과 시민들의 인권의식을 한 단계 더 높이는 것으로써, 시민운동단체들이 앞장서야 할 과제라고 생각해왔습니다."

■ 제가 알기로는 우리 지역에서 열린사회 희망연대가 제일 먼저 민간인 학살문제에 접근 했다는 이야기를 들었습니다. 어떤 계기가 있었습니까?

"1999년 도민 주주로 창간된 도민일보에서 김주완 기자가 그 당시 우리사회에 이슈가 된 보도연맹과 미군에 의한 양민학살문제를 기획취재 하고 있었습니다. 그 기사를 보고, 1950년 8월 11일 마산 진전면 곡안리 재실에서 발생한 미군에 의한 86명의 양민학살을 접하게 되었고 이에 희망연대는 현장조사와 희생자 유족과 피해자 증언 등을 통해 진상규명 방안들을 찾기 시작했습니다."

진해 미해군 군사고문단 정문 앞에서 미국 정부가 공식 사과와 진상규명 요청 촉구
집회(1999.10.7)

■ 구체적으로 어떤 사업을 하셨는지요?

"99년 10월 4일 '슬픈 역사, 보도연맹사건의 진실은 낱낱
이 규명되어야 한다'는 성명서를 발표하여 우리 사회의 제
양심세력들과 함께 보도연맹, 미군에 의한 양민학살 등 반인
류적 사건의 진실규명과 문제해결에 적극 노력할 것을 천명
했습니다.

같은 해 10월 7일 진해에 있는 미해군 군사 고문단 정문
에서 미군에 의한 곡안리 재실 양민학살 사건 유족과 희망
연대 회원 등 40여명이 미국 정부가 공식 사과하고 진상규
명에 나설 것을 촉구하는 집회를 했습니다. 미 해군 군사고

문단이 생긴 이래 최초의 시위가 벌어진 이곳에는 100여명의 경찰들이 에워싼 상태에서 진행되었습니다. 이후 곡안리 사건을 시민들에게 널리 알리고 진상규명을 위해 여러 가지 사업을 전개 했습니다. 그중 하나가 6·25전쟁 발발 직후 충북 영동군의 노근리 철교다리 밑에 피신해 있던 피난민 수백 명이 미군에 의해 학살된 노근리 사건입니다. 이를 조사하기 위해 파견된 미국조사단이 왔을 때, 희망연대 회원들과 곡안리 유족들이 노근리를 방문하여 미국 관계자들과 잠깐 만났습니다 그 자리에서 곡안리사건 진상규명을 촉구하는 서신을 전달하면서 동시에 마산 곡안리에도 조사단을 파견해 달라는 영문피켓을 들고 퍼포먼스를 벌이기도 했습니다.

이후 각종 관련 행사와 여러 지역에서 행해진 위령제에 부지런히 참여했습니다. 특히 2000년에 들어와 도민일보 김주완 기자와 서봉석 산청군의원 등 여러 인사들과 '민간인학살문제 해결을 위한 경남지역모임'을 결성하여 좀 더 체계적인 연대활동을 했던 것으로 기억합니다.“

■ 사회 각 단체나 뜻있는 분들이 모여 1998년부터 2년 동안 준비모임을 거쳐 2000년 9월 7일 서울에서 '한국전쟁전후 민간인학살 진상규명을 위한 범국민위원회'에 참가하신 것으로 아는데, 그때 어떤 마음으로 함께 하시게 되었

습니까?

"마치 제가 예전부터 그 일을 기다리고 있기라도 한듯이 아주 자연스럽게 참여하게 되었습니다."

국회 앞에서 특별법 제정 촉구대회(2000.9.7)

■ 이 단체가 뭘 하는 단체였습니까? 간단히 설명해 주시지요?

"한마디로 정부와 국회에 민간인학살 진상규명 특별법 제정을 촉구하는 것을 주목적으로 하는 단체였습니다. 정부가 진상규명에 나서기 위해서는 법률적 근거가 있어야 하기 때문이죠."

■ 직책은 무엇이었습니까?
"범국민위 공동대표였습니다."

■ 직2000년도에 '범국민위원회'가 결성되고 그 다음해인 2001년 마산역 앞에서 사회단체 주관에 많은 유족들과 시민들이 참가해 처음으로 '경남지역 합동위령제'를 봉행하셨는데, 그때도 김 의장님께서 적극 나섰을 것이라 짐작합니다만 그때 어떤 단체들이 나서서 행사를 봉행하셨습니까?

"2001년 10월 27일 마산역 광장에서 열린 행사의 정식명칭은 '한국전쟁 전후 민간인 희생자 부산·경남지역 합동위령제'입니다. 이날 행사는 유족들이 50년 동안 피눈물을 삼키고 참았던 통한을 세상에 알리고 아직도 구천을 맴도는 원혼들을 위로하는 날이었습니다.

23년 전의 오래된 일이라 지금은 기억에 남는 장면이 거의 없는데 유독 행사무대 펼침 막에 적힌 '잠 못드는 원혼들이여 천년을 두고 울어 주리다!!'라는 글귀가 지금도 눈에 보이는 듯 또렷이 남아있습니다.

이날 행사의 주최는 부산·경남유족회와 민간인학살문제 해결을 위한 경남지역모임과 미군 양민학살 대책위원회가 함께 했고 저도 그 중 한 일원으로 행사준비 모임부터 함께 했습니다."

■ 우리 경남유족회에서 매년 합동추모제를 할 때 1년에 한번 자료집을 내는데요. 김영만 의장님과 서봉석 산청군의 원 등 세분이 상복을 입고 '민간인 학살 특별법 제정!' 하라 는 피켓을 들고 시위하는 사진이 아주 인상적인이라 2019 년에 자료집 표지사진으로 쓴 일이 있습니다. 그때가 언제이 며 무슨 행사였습니까?

"아! 그 사진 봤습니다. 저도 궁금해서 찾아 봤는데 2001 년 12월 10일 인권의 날을 맞이하여 경남도청 앞에서 '민간 인학살 특별법제정'을 촉구하는 1인 시위를 시작하는 기자 회견 장면입니다. 또 한분은 당시 하동사랑청년회 김한규 회 장입니다."

■ 그 이후 민간인학살 문제와 관련해서 우리 지역은 물론 전국적으로도 많은 활동을 하신 것으로 알고 있습니다.

"할 수 있는 만큼은 하려고 했습니다만 많은 분들의 노고 에 묻어갔을 뿐입니다."

■ 2005년 노무현 정부시절 민간인학살 문제를 해결하기

위해 여야합의로 '진실화해를위한과거사정리위원회'를 구성해 발족했는데, 감회가 남달랐겠습니다.

"평생 짊어지고 있던 큰 짐 하나를 내려놓은 그런 기분이었습니다."

■ 2005년 진실화해위가 생기고 진실규명 된 학살희생자 6명이 2020년 2월 창원지방법원 마산지원에서 70년 만에 무죄선고가 나왔고 또 그해 11월에도 희생자 15명이 70년 만에 무죄선고가 나왔을 때 희망연대를 비롯해 창원시민단체에서 '무죄선고환영' 기자회견까지 열어 주시니 당사자 유족의 한 사람으로 너무 고마웠습니다.

70년 만에 무죄선고 후 창원시민단체 환영 기자회견

"당연히 함께 기뻐해야 할 일인데요 뭐……."

■ 아직도 많은 유족들은 완전 해원을 못했다고 생각하고 있습니다만, 김 의장님 같은 분들의 노고나 적극적인 관심이 없었다면 미흡하지만 여기까지 오지 못했을 것입니다. 한 말씀해 주시지요?

"저도 안타깝고 아쉬울 때가 참 많습니다. 시기마다, 검사, 판사마다 접근 방식과 판결이 다른 것 같아서 말입니다 국민들의 관심도 예전 같지 않은 것 같고……. 지금 우리가 해야 할 일은 정치적, 사회적 분위기를 확 바꾸는 일인 것 같습니다. 그러면 또 달라 질 수도 있을 거라 생각합니다."

■ 2022년 11월 26일 창원유족들의 오랜 염원인 소위 무덤도 없는 억울한 넋을 위하여 마산합포구 가포동 바닷가에 추모위령탑을 세워 제막식을 함께 하셨는데 그날의 소회를 간단히 해 주십시오.

"그날 추모위령탑이 있는 그 자리에 온 모두가 약속이나 한 듯이 똑같은 말을 한마디씩 '아, 명당이다!' 하고 소리쳤습니다. 그 말을 하는 순간 갈 곳 없어 수십 년 구천을 헤매던 원혼들께서 이곳을 찾아 오신 느낌이 확 다가왔습니다. 혹시 이 장소를 선택한 노치수 회장님이 풍수지리 공부를

좀 하셨나 하는 생각이 들기도 했고요.(웃음)

다만, 추모위령탑에 세워져 있는 희생자 명단을 적은 명석비에 이름을 다 채우지 못한 빈 공간을 보면서 마음이 아려 왔습니다. 언젠가는 그 명석비에 이름이 빼곡히 채워지기를 속으로 빌었습니다."

■ 마지막으로 유족회나 유족들에게 한 말씀 해 주시죠?

"너무나 긴 시간이 지났지만 그래도 지금 여기까지 오게 된 것은 연좌제의 공포를 떨치고 진상규명에 앞장 선 유족들의 노고가 가장 컸습니다. 그리고 경남유족회를 이끄신 노치수 회장님의 역할과 끈질긴 노력이 여러 가지 눈에 보이는 뚜렷한 결실을 거두고 있습니다.

민간인 학살이 자행되던 그때 수백의 억울한 목숨이 수장 당한 괭이바다에 표지석이라도 올해 안에 세워지기를 바랍니다."

■ 감사합니다.
늘 건강하시고 행복하시길 빌겠습니다.

뼈에는 이데올로기가 없습니다

대담자 / 김 영 진

■ 질문자 : 노치수
  대담일 : 2024년 2월 16일

대담자 정보 ▶

• 성명 : 김영진
• 생년월일 : 1964년 07월 26일
• 성별 : 남
• 주소 : 경남 창원시 성산구 용지동
• 경력 :
  -전) 경남도의원
  -현) 창원중앙고등학교 운영위원장

대담자 **김영진 전 도의원**

▪ 김영진 전 도의원님께서는 도의원을 그만두신 후 어떻게 지내고 계십니까?

"22년 6월 30일 '식민사관청산을 위한 학술토론회' 개최를 마지막으로 의정활동을 마치고, 그 후 지금까지 식민사관으로 왜곡된 가야국史를 바로잡기 위한 활동으로 식민사관청산 가야국史 바로잡기 경남연대 공동대표와 순천향대학원 글로벌한류문화학과에 입학하여 가야국史연구 석사과정 4학기 등록 예정입니다."

▪ 요즘 보니까 사회활동을 활발하게 하고 계시고 특히 지역의 역사문제에 활동을 하시는데 혹 대학에서 역사학을 공부하셨습니까?

"동국대학교 사범대학 교육학을 전공, 졸업하였지만 역사는 학창 시절 내내 항상 관심 1순위로 즐겼던 분야였습니다."

▪ 정치에는 언제 입문하셨습니까?

"현장 정치에 직접 뛰어던 것은 2009년 노무현 대통령 서거가 계기였습니다. 2010년 6·2 지방선거 때 창원시의원

선거에 용호동, 봉림동 지역으로 첫 출마를 하였습니다."

■ 경남도의회에는 몇 년도에 첫 당선 되시고 몇 년간 하셨습니까?

"2018년 6 · 13지방선거에서 경남도의원에 당선되어 지난 2022년 6월 30일까지 4년간 활발하게 도의정 활동을 하였습니다."

■ 민간인학살 문제는 언제부터 관심을 가지게 되셨습니까?

"경남도의원으로서 의정활동을 하는 동안 노치수 창원회장님을 비롯한 여러 지역의 유족회장님들과 첫 만남에서 지난 10여 년 이상 관청을 일일이 찾아다니시며 애써오신 노고를 듣고 소통하면서 바로 내 일처럼 여기고 뛰어들었습니다."

■ 경남도의회 다른 의원들보다 민간인학살 문제에 특히 지대한 관심을 가져주시니 유족의 한 사람으로 늘 고맙게 생각했는데, 한 번도 제대로 감사 인사를 드리지 못했습니다. 이번 기회에 감사 인사드리겠습니다. 진심으로 감사드립니다.

"경남도의원으로서 마땅히 해야 할 일을 조금 하였을 뿐이고, 노치수 회장님의 지난 세월 동안 노고에 더 고마울 따름입니다."

■ 기억이 나실지 모르겠습니다만 2020년 2월 1일 경남도의회에서 경남유족회장들이 참관한 자리에 5분 발언을 하셨는데, 그때 주된 발언 내용이 무엇이습니까?

– 역사, 진실규명에 소멸시효란 없다! –

김영진 의원(기획행정위원장)

"경남도청과 경남도의회가 있는 경남행정 · 정치 1번지, 용지 · 봉림동 출신 기획행정위원회 김영진 의원입니다. 저는 지난 10월 이 자리에서 친일인명사전 보급을 촉구하는 5분 발언을 한 바 있습니다. 역사에 이프(if)란 없지만 하나의 가정을 세워 보겠습니다. 만약, 해방 전후 친일인명사전과 같은 책이 출판되어 친일매국 반민족행위자를 단죄해야 한다는 국민적 공감대가 만들어졌다면, 해방 후 대한민국의 역사는 어떻게 되었을까요. 확실한 것은 오늘 제가 발언하고자 하는 '한국판 킬링필드' 국민보도연맹 사건을 비롯한 6 · 25전쟁 전후 민간인 희생사건은 숫자가 대폭 줄어들었을 것입니다. 잘 아시다시피, 보도연맹은 이승만 정부가 좌익사상에 물든 사람들을 전향시켜 이들을 보호하고 인도한다는 취지로 1949년에 만든 반공단체입니다. 조직을 키운다는 빌미로 지역별로 가입자를 할당하면서 사상과는 무관한 국민들에게 비료며 식량을 나눠준다고 가입시켰고, 심지어는 어린아이들도 보도연맹원으로 만들었습니다.

그러나 1950년 전쟁이 발발하자 북에 동조할 가능성이 있다는 이유만으로 이들을 대량 학살하기 시작했습니다. 국민보도연맹 사건은 2005년「진실 · 화해를 위한 과거사정리기본법에 따른 '진실화해위원회'의 첫 직권조사 사안입니다.

경상남도 지역언론과 유족회에 따르면 이 사건에 연루돼

희생된 경남도민은 3만여 명으로 추정하고 있습니다. 마산합포구 구산면 괭이바다에 천육백 여명이 수장됐고, 진주시 명석면일대 여섯 곳에서 칠백 여명이 총살됐으며, 마산 진전면 여양리 뼈 무덤은 2002년 태풍 루사 때 산사태로 세상에 드러나 총 이백여 구의 학살과 암매장 사실을 증거가 되었습니다. 바로 이 국민보도연맹 사건 학살의 주범과 가해자들이 친(親)일(日)에 뿌리를 두고 있다는 사실은 이미 여러 자료와 증언으로 증명된 바 있습니다. 일본 제국주의가, 독립운동가의 사상을 통제하려는 목적으로 만든 조직이 '보국연맹'인데, 해방 후 친일검사와 친일경찰이 이와 꼭 닮은 '보도연맹'을 창설하고 학살을 주동한 것입니다. 선대에 불발된 친일매국 역사 청산이 후대의 비극을 잉태하고 있었던 셈입니다. 경남지역에서 진실화해위원회가 진실 규명한 사건은 29건에 2,379명입니다만, 이 마저도 보도연맹뿐만 아니라 미군폭격 등 전쟁 전·후 민간인 희생사건 전체 숫자입니다. 지난 12월에 경상남도의회가 대일항쟁기 강제동원 피해자 진상규명을 위해 할 수 있는 일이 무엇인지 머리를 맞대는 토론회가 열렸습니다.

이런 토론회를 열 수 있었던 것은 기록정신이 투철한 고 김광열님께서 남겨놓은 방대하고 치밀한 자료가 있었기 때문에 가능했습니다. 보도연맹을 비롯한 6·25 전후 민간인

희생자 기록물 또한 민·관의 적극적인 수집 의지가 필요합니다.

이런 가운데 반가운 소식은 경상남도가 올해 민간인 희생자의 구술기록 사업을 계획하고 있다는 사실입니다. 생산된 기록물을 조사하고 수집하는 것도 중요하지만, 직접 자료를 생산하는 작업도 못지않게 중요합니다. 경상남도는 구술기록 사업이 효율성 있게 진행되도록 최대한 노력하고, 이 기록을 잘 관리해서 도민과 공유하는 일도 소홀함이 없어야만 합니다. '역사, 진상규명에 소멸시효란 없다!'고 하였습니다. 올해는 6·25 전쟁 발발 70년이자, 합동추모제 70주기를 맞는 해입니다. 가해자들은 "이미 피해자들은 죽었고 70년이나 세월이 지났는데 무슨 진상규명이냐"고 말하겠지만 피해자들에게는 70년 동안 피눈물 맺힌 묵은 한이고, 피해자 2세에게는 세습된 고통이 70년 동안 풀리지 않은 채 살아온 '억울한 세월'이었습니다. 친일매국 반민족행위자들이 자신의 치부를 덮고 기득권을 유지하기 위해 옭아맨 '빨갱이'라는 유령, 그 누구도 아닌 국가로부터 목숨을 빼앗기고 침묵을 강요당하고 산 세월을, 이제 우리 당대에서는 제대로 인정하고 할 수 있는 만큼 진상을 규명해야 합니다. 이러한 경상남도의 성심어린 노력들이 날갯짓이 되어 정부가 과거사 특별법 연장을 통해 피해자 지원과 배상이 이루어져야 할 것입니다.

다시 한 번 6 · 25 전후 민간인 희생자에 대한 경상남도와 정부의 관심을 촉구하면서 저의 5분 발언을 마치겠습니다. 고맙습니다.”

도의회에서 5분 발언 후 경남유족회장들과 기념(2020.2.1)

■ 2021년 하반기는 창원유족회 위령탑 건립 관계로 의원님을 자주 찾아가 괴롭혔습니다. 그때 정말 귀찮을 정도로 전화를 드렸고 찾아갔는데, 그 당시 마음이 어땠습니까?

“여태까지 단 한 번도 괴롭다거나 귀찮다고 여겨진 적이 없었습니다. 하루라도, 조금이라도 유족회원분들의 마음을 더 보살펴드려야 한다고만 느꼈을 뿐입니다.”

■ 그렇게 김 전 의원님께서 적극 도와주셔서 시부지 약 800평 부지에 시비 2억 7천 만원과 김 전 의원님께서 도비

창원위령탑 도 지원에 대한 감사패 전달(2022.11.26)

5천 만원을 적극 도와줘, 총 3억 2천 만원을 투입 창원유족
들의 오랜 염원인 '창원위령탑'을 세우는데 크게 기여하였
습니다. '도와야겠다'고 결심하기까지 나름 어려움이 있었을

텐데요?

"마땅히 해야 할 일을 하였을 뿐인데, 제가 감사패까지 받게 됐습니다."

■ 어떻든 다시 한번 감사드립니다. 유족들이나 창원유족회에 한 말씀 해주시지요?

"사필귀정(事必歸正)입니다. 아주 힘들고 돌아가더라도 뜻을 이루는 그날을 위해 함께 애쓰겠습니다."

■ 앞으로도 우리 유족들에게 많은 관심을 가져주시기 바랍니다.

감사합니다.

보도연맹원 학살을
발굴 취재, 보도

대담자 / 김 주 완

■ 질문자 : 노치수
　대담일 : 2024년 3월 4일

대담자 정보

- 성명 : 김주완
- 생년월일 : 1964년 1월 4일
- 성별 : 남
- 주소 : 경남 창원시 마산합포구 신포동
- 경력 :
  -경남도민일보 편집국장, 전무이사

주 요 저 작

-줬으면 그만이지
-풍운아 채현국
-80년대 경남 독재와 맞선 사람들 등 다수

대담자 **김주완 작가**

■ 저는 김주완 님을 이사님으로 불렀는데, 앞으론 작가님
이라 부르겠습니다. 작가님은 요즘 어떻게 지내고 계십니까?

"프리랜서 작가로 자유를 만끽하고 있습니다. 2023년에는
경남대 미디어영상학과에서 시간강사로 전공과목을 가르쳤
으나, 올해부터는 그마저도 그만두고 여유를 누리고 있습니
다."

■ 경남 마산에 자리 잡고 있는 도민들이 출자해 만든 경
남도민일보 기자로 입사해 부장 편집국장 전무로 승진해 정
년을 다 채우지 않고 2021년도 말인가 퇴직해 '줬으면 그
만이지'란 책을 2023년 펴내 작가로 변신하셨는데, 그간 상
당히 바쁘셨죠?

"네. 그 책으로 인해 2023년에는 북토크와 강연이 많았습
니다. 11월에는 책의 영화 버전 〈어른 김장하〉가 개봉하면서
GV(관객과 대화)도 이어졌습니다. 2024년에도 줄어들긴 했
지만, 강의와 GV가 꾸준히 계속되고 있네요."

■ 경남도민일보에 근무 시 1999년도에 민간인학살에 대

한 글을 연재하셨는데 주로 어떤 내용들이었습니까?

"마산을 중심으로 경남지역 보도연맹원 학살을 발굴 취재, 보도했습니다. 경남도민일보에 100회 동안 연재된 '지역사 다시읽기' 시리즈를 통해서였습니다. 저는 주로 경남 중동부 지역을 취재했고, 서부경남은 김경현(현 행정안전부 과거사 관련업무지원단 전문위원), 통영 거제지역은 전갑생(현 서울 대 사회발전연구소 연구원) 씨의 도움을 받았습니다."

■ 그 내용 이외 덧붙이고 싶은 이야기가 있다면 간단히 이야기 해 주시지요.

"보도연맹원 학살사건을 취재하던 중 마산 진전면 곡안리 미군에 의한 학살사건을 알게 되었고, 1999년 10월 미국의 AP통신이 노근리 학살사건을 보도해 국제적인 이슈가 되는 시점에 맞춰 그 사건을 보도했습니다. 이를 계기로 경남 곳곳은 물론 전국의 미군에 의한 학살사건이 잇따라 터져나오기도 했습니다."

■ 그 후로 쓴 책이 '토호세력의 뿌리' 입니까? 그 책의 내용도 간단히 소개해 주시죠?

"경남도민일보에 연재한 기사를 토대로 책을 엮었고, 부산 · 경남사학회의 학술지 〈역사와 경계〉 56호(2005년 10월)

에 실렸던 [보도연맹원 학살과 지역사회의 지배구조 : 경남 마산지역의 사례와 인물을 중심으로]라는 논문을 함께 실었습니다. 이 논문에 가수 노사연의 아버지 노양환이 한국전쟁 당시 마산지구 특무대(CIC) 상사로 재직하던 중 민간인학살의 실무 책임자로 지목되었다는 내용이 있는데, 당시에는 특별히 주목받지 못했습니다. 이후 2023년 제가 그 내용을 페이스북에 올리면서 각종 언론에 인용보도되었고, 사회적으로 이슈화하자, 그 후손이 저를 사자 명예훼손 혐의로 고소하면서 또다시 언론보도가 이어졌습니다. 결국 경찰 수사결과 무혐의 처리되었고 이 또한 많은 언론이 보도함으로써 더 많은 관심을 받기도 했죠."

■ 1998년도부터 민간인학살에 대해 사회적 관심이 높아지자 각 사회단체, 언론인, 학자 등 많은 분들이 준비모임을 거쳐 2000년 9월 7일 '한국전쟁전후 민간인학살 진상규명 범국민위원회'를 결성한 후 진상규명을 하기 위해 각 지역을 다니며 증언대회나 토론회를 하셨죠?

"2000년 초부터 김동춘 교수와 강정구·강창일 교수, 그리고 여러 사회단체, 언론인 등이 머리를 맞대고 민간인학살 진상규명과 명예회복, 그리고 통합특별법 제정을 위한 전국단위 기구 결성을 추진했습니다. 거기에 김영만 열린사회희망연대 대표와 저도 함께 참여했고요. 그 단체 활동과 병행하여 9월 20일 '민간인학살문제해결을위한경남지역모임(경남민해모)'를 결성했습니다. 그 단체 주최로 유족들과 함께 마산과 거제에서 증언대회를 열었고, 토론회를 개최하기도 했습니다. 또한 2002년 10월 27일에는 1960년 마산유족회가 처음으로 합동위령제를 열었던 마산역 광장에서 경남지역 합동위령제를 열었습니다. 이날 위령제는 미군양민학살경남대책위와 민간인학살문제해결을위한경남지역모임, 부경유족회 등 3개 단체가 공동주최했죠."

■ 그 당시 경남도민일보에서도 증언대회 및 토론회를 한 것으로 기억되는데 그게 몇 년도이며 주로 어떤 내용들이었습니까?

"2001년 8월 9일 민간인학살문제해결을위한경남도민모임 주최로 경남도민일보 3층 강당에서 '50년의 침묵, 50년의 통한, 이제는 말해야 한다'는 슬로건을 걸고 경남지역 민간인학살 유족 증언대회를 열었죠. 증언대회에는 100여 명의 유족과 시민, 그리고 김동춘 교수와 현재는 고인이 된 채의진 문경유족회장도 참석했습니다. 증언자로는 노치수, 정재욱, 권판점 등 6명의 유족이 나섰죠. 8월 21일에는 거제에서 유족 증언대회를 열었으며, 당일 거제유족회를 발족시키기도 했습니다."

■ 경남에서는 어느 곳을 다니시며 하셨는지 기억나십니까?

"마산과 거제에서 증언대회를 했고, 고성과 통영, 남해, 사천, 통영, 거제, 김해, 진주 등 경남지역 전역에 대한 조사활동을 벌였습니다. 또한 진실화해를위한과거사정리위원회 출범 이후에는 용역조사사업에 참여하여 경남지역 유해매장추정지 전수조사와 함양군 민간인학살 실태 전수조사를 수행하기도 했습니다."

■ 2001년도 10월 27일 경남지역 사회단체주관으로 마산역 앞에서 많은 사람들이 모여 합동위령제를 거행했는데 그때 주로 어떤 역할을 하셨습니까?

"민간인학살문제해결을위한경남지역모임 이름으로 합동위령제를 공동으로 주최했습니다. 부경유족회, 미군양민학살경남대책위와 함께였죠. 그리고 경남도청 앞에서 저와 김영만 대표, 서봉석 산청군의원, 김한규 씨 등이 돌아가면서 상복을 입고 진상규명을 촉구하는 1인시위를 벌이기도 했습니다."

2001년 10월 27일. 51년만에 열린 민간인학살 위령제 때 마산역에서(왼쪽 두 번째가 김주완 작가)

■ 그 후에 노무현 정부가 들어서고 나서 여야 합의로 2005년 '진실화해를위한과거사정리위원회'가 구성되고 2009년 마산형무소재소자사건과 마산·창원·진해국민보도 연맹사건 등 민간인학살희생자들의 진실규명이 되자마자 김 작가님은 신속하게 유족들에게 연락해 유족회 '창립준비위 원회'를 구성했는데, 그 땐 어떤 마음으로 그렇게 하셨습니 까?

"진실화해위원회 출범 이후 피해자들의 진실규명 신청을 받기 시작했지만, 언론보도를 접하지 못하는 유족들이 많아 신청이 저조했습니다. 결국 유족들이 조직화하지 않으면 어렵게 만들어낸 진실규명 기회를 놓칠까봐 안타까웠습니다. 그래서 앞서 증언대회에 참석하거나 취재과정에서 알게 된 유족들을 연락하여 유족회 결성을 주선하였습니다. 다행히 노치수 회장을 비롯한 몇몇 유족이 적극적으로 나선 덕분에 유족회가 결성될 수 있었습니다."

■ 지금 생각해보면 유족과 아무 상관없는 분이 또 기자로서 상당히 바쁘셨을 텐데 회칙이나 창립선언문 등을 만들어 2009년 6월 20일 도민일보 3층 강당에서 유족을 포함 100여명이 모여 '한국전쟁전후민간인학살마산유족회' 창립 총회를 했는데, 김 작가님이 그렇게 하지 않았다면 유족회가 아주 늦게 구성되었을 것입니다. 한 말씀해 주시지요?

"1960년 노현섭 선생 주도로 유족회가 결성된 후, 이듬해 5·16쿠데타로 간부들이 구속되고 강제해산되었는데, 그 유족회가 50여 년만에 다시 결성된다는 게 감개무량했습니다. 대한민국의 여러 굴곡된 역사 속에서 민간인학살 문제를 해결하지 않고서는 국가의 정통성을 바로세울 수 없다는 생각을 해온 사람으로서, 오랜 세월 단절되었던 유족회의 역사가 다시 이어진다는 감격과 보람을 느꼈습니다."

■ 그때 그렇게 빨리 하지 않았다면 유족회 결성이 상당히

지체되었을 것이고 만약 지체 되었다면 유족들이 여러 어려움에 처했을 것입니다. 혹시 회사에서 엉뚱한 곳에 신경 쓴다고 어떤 제재나 불이익을 받지 않았습니까?

"언론계에 '기자는 기사로 말해야 한다'는 묵시적 원칙이 있습니다. 즉 기자는 어떤 사건에 직접 개입해선 안 된다는 것이죠. 그러나 시민주주로 탄생한 경남도민일보였기에 저의 그런 활동을 허락받을 수 있었습니다. 진상규명 운동단체를 만들어 직접 참여하고, 경남도청 앞에서 1인시위를 하는 일도 회사에 보고하고 허락을 받았습니다. 아마 다른 언론이었다면 허락받을 수 없었을 겁니다. 유족회 결성을 주선하고 도운 일도 그 연장선이었습니다."

■ 유족회가 2009년 6월 20일 창립총회 후 그해 10월 16일 '제2회 마산합동추모제'를 마산공설운동장 올림픽기념공연장에서 개최했을 때도 '1950년 마산의 참극'이란 자료집도 만드셨는데 그 자료집엔 주로 어떤 내용들이 수록돼 있습니까?

"경남도민일보를 통해 민간인학살의 실상을 꾸준히 보도했지만, 그 보도를 접하지 못한 유족들도 많았습니다. 그래서 유족들도 알아야 할 내용들을 중심으로 수록했습니다. 마산 보도연맹원 학살사건 경위와 목격자 증언, 1960년 국회

조사특위의 증언내용, 노현섭 회장 등 유족회 간부들에 대한 5·16쿠데타 세력의 재판기록, 1960년 유족회 관련 자료와 진실화해위원회의 진실규명 결정문 등을 실었습니다."

■ 2010년 마산, 창원, 진해시가 통합되고 마산유족회가 창원유족회로 명칭변경 되면서 2015년도에 전국에서 유족회 단위로 처음으로 증언집 '그질로 가가 안 온다 아이요'를 발간했을 때도 박영주씨를 소개해 그 분이 기록은 했지만 모든 마무리는 김 작가님이 하셨는데, 그 책으로 인해 지역사회에서 학살당한 후손들의 아픔과 모질게 살아온 유족들의 삶의 애환이랄까 아픔을 창원지역사회에 알려졌다고 생각되십니까?

"유족회가 열심히 진상규명을 촉구하고 재판을 통해 명예회복과 배보상을 받는 일도 중요하지만, 학살의 실태와 유족들이 받아온 고통을 역사의 기록으로 남기는 일도 그 못지않게 중요하다고 생각했습니다. 기록으로 남기지 않으면 역사가 되지 않습니다. 다행히 그런 기록의 중요성을 유족회가 인식하고, 저에게 그런 제안을 해주셨기에 가능한 일이었습니다. 이후 경남유족회 차원에서 경남 전역의 증언록 〈70년만의 증언〉을 출판하고 싶다고 했을 때도 그런 차원에서 흔쾌히 참여하게 되었습니다."

■ 2022년 11월 26일 창원유족회원들의 오랜 염원인 위령탑이 가포에 세워졌을 때 '건립취지문'을 쓰셨는데 다른 어느 분들보다 남다른 감회가 있었을 텐데, 소감을 이야기해 주시지요?

"책으로 역사기록을 남기는 것 못지않게 위령탑과 같은 공간과 시설물을 조성하는 일도 중요한 일입니다. 이를 통해 후세에게 다시는 되풀이하지 말아야 할 역사적 교훈을 줄 수 있기 때문입니다. 노치수 회장으로부터 건립취지문을 써 달라는 요청을 받았을 때 그토록 중요한 일에 참여할 수 있다는 생각에 기쁘고 뿌듯했습니다. 그리고 다른 추모시설물의 취지문과 달리 '학살', '국가폭력', '정치적 살해', '이승

한국전쟁민간인희생자 창원위령탑 제막식 및 합동 추모제(2022. 11. 26)

만 정권의 민간인학살', '박정희 쿠데타세력의 불법행위'라는 분명한 단어를 새겨넣을 수 있어 참 다행이었습니다."

■ 돌이켜 보면 창원유족회는 김주완 작가님과는 바늘과 실 사이가 된 것 같아요. 앞으로도 유족회의 길잡이 역할을 해 주시기 바랍니다.

"네. 앞으로도 제 역할이 필요하다면 미력하나마 최선을 다하겠습니다."

■ 마지막으로 유족회나 유족들에게 하시고 싶은 이야기가 있다면 해 주시죠?

"유족분들의 진상규명 활동은 자신의 가족에게 가해진 비극을 치유하고 극복하는 차원을 넘어 대한민국의 역사를 바로 세우는 일이라는 자부심을 늘 잊지 않았으면 합니다."

■ 늘 건강하시고 앞으로도 창원유족회에 많은 관심을 부탁드리겠습니다. 감사합니다.

"네. 고맙습니다."

유족회 일을 내 일같이 도운

대담자 / 노 창 섭

대담자 정보 ▶

- 성명 : 노창섭
- 생년월일 : 1967년 11월 25일
- 성별 : 남
- 주소 : 창원시 성산구 원이대로 774번지
- 경력 :
  -1대, 2대, 3대 통합 창원시 의회 3선 의원
   (상남, 사파, 대방동),
  -3대 창원시 의회 환경해양농림 위원장,
  -3대 창원시 의회 후반기 부의장.
  -전) 정의당 경남도당 위원장

대담자 **노창섭 전 시의원**

■ 노창섭 전 창원시의원님께선 요즘 어떻게 지내고 계십니까? 시의원을 3선으로 끝내시고 이전에 다니셨던 회사에 복직하셨다죠?

"네. 2010년부터 통합 창원시 의원으로 1대부터 3대까지 활동을 했습니다.

지난 2022년 6월 2일 지방선거에 경남 도의원으로 출마했지만 낙선하고 6월 8일부터 20대 청년시절 부터 다니든 직장에 복직해서 열심히 일하고 있습니다.

당분간은 정치활동은 하지 않고 쉬면서 건강도 챙기고 바빠서 보지 못했던 책도 읽고 아내와 여행도 다니면서 조용히 지내고 있습니다."

■ 그 회사 이름이 뭡니까? 뭘 하는 회사인지요?

"네. 제가 지금 근무 중인 회사는 현대로템(주) 창원공장입니다. 85년 11월 1일부터 입사해서 중간에 공직생활 12년을 빼더라도 약 28년 동안 제 인생의 대부분을 함께한 회사입니다.

현대로템은 철도차량(KTX), 방산(전차), 환경 플랜트(수소,

환경설비) 사업을 하고 있는데 제가 근무하는 곳은 방산분야이고 우리나라 자주국방을 위한 전차를 생산하고 있습니다."

■ 노 전 의원님께선 창원유족회에 많은 도움을 주신 분이라 유족회에선 잊을 수 없는 분이십니다. 2010년 마·창·진 통합시 이후부터 유족회와 인연이 맺어진 것으로 기억됩니다. 2022년 시의회를 떠난 기준으로 보면 12년이란 세월입니다.

"2006년 민주 노동당으로 구)창원시 의원에 출마하여 아깝게 낙선하고 4년만인 2010년 7월 1일 통합 창원시의회 1대의원으로 당선되어 시의원 활동을 시작했습니다. 능력과 자질 면에서 많이 부족한 저를 성산구 상남동, 사파동(대방동)주민들이 3번이나 연속해서 선출해 주셔서 12년이라는 긴 기간 동안 창원 시민들과 지역구 주민들을 위한 봉사를 할 수 있었습니다."

■ 제일 먼저 떠오르는 기억은 창원지역의 유족들이 2009년 진실규명 받고 2009년도와 2010년도는 국방부와 마산시에서 합동위령제 행사 보조금으로 봉행했는데 2011년도 행사를 하려니 통합창원시에서 보조금을 주지 않아 행사를 못 할 것 같아 노 의원님께 협조요청을 했는데, 당시 담당부

서 책임자와 말다툼까지 하셨다죠?

"네 2010년 7월 1일부로 통합 창원시가 출범 했습니다. 의회도 함께 통합 창원시의회로 출범했습니다.

의회에 첫 등원을 하고 얼마 되지 않아서 전)창원시 의원이신 정동화 전 의원님이 유족해 관련 민원이 있다고 당시 노치수 회장을 소개 해 주시면서 민원을 해결해 달라는 부탁으로 처음으로 노회장을 만나게 되었습니다.

노회장님과 이런 저런 이야기를 나누다 보니 집안 사정을 알게 되었고 같은 풍천 노 가이고 어릴 적부터 아버님을 따라 벌초나 성묘를 다니든 곳 저희 집안 집성촌이고 선산이 있는 마산합포구 구산면 수정리 안녕마을 출신이라는 것을 알게 되었습니다.

제 고향이 진동면 태봉리인데 선조들의 고향은 구산면 내포리입니다. 할아버지 때에 내포리에서 분가하여 진동면 태봉리로 이주하여 살고 있었습니다.

증조할아버지 이후 묘소는 대부분 구산면 내포리 부근에 지금도 있습니다.

그리고 아버님이 1924년생으로 일제 강점기에 태어나서 일본군에 징용되고 6·25전쟁을 겪은 분이라 어릴 적부터 지리산 빨치산이나 6·25전쟁 전후로 민간인 학살 문제를 자주 듣고 자랐습니다. 민간인학살이 집안 문제이고 민족의 아픈 상처이고 억울하게 돌아가신 분들의 말씀을 듣고 모른 척 할 수는 없었습니다. 당시 시청 담당 공무원들도 만나서 설득도 하고 말싸움 하면서 유족회 지원문제를 협의했고 지금 경남 도지사인 박완수 당시 창원 시장도 만나 설득하여 겨우 행사비 지원을 받을 수 있었습니다."

■ 결국 년 말에 겨우 200만원 받아 약식으로 2011년 11월 21일 상당히 추운 날에 그때 처음으로 괭이바다에 가서 행사를 치룬 기억이 납니다. 그렇지 않았다면 그 해부터 추모행사를 치루지 못 할 뻔 했습니다.

"기억을 더듬어서 생각을 해보니 어렵게 예산을 확보한 것 같습니다. 당시 행사에 처음으로 초대 받아 추모 행사에 참석한 기억이 납니다. 추운 겨울 괭이 바다에서 전국에서 각자의 집안의 사연을 안고 행사에 참석 하신 분들의 사연을 듣게 되었고 의미 있는 시간이었습니다. 그 이후로 특별한 일정이 없는 이상 해마다 위령제 행사에 참석을 했습니다."

■ 그 다음해부터 노의원님께서 도와주신 덕분에 행사보조금을 조금씩 올려주었는데 저희 유족회는 행사 치룰 때 마다 자금부족으로 곤욕을 치루기도 했습니다. 정말 고마웠습니다.

창원지역 선상합동추모제 참석 인사(2020.6.13)

"과찬에 말씀입니다. 시민을 대변하는 시의원으로서 당연히 해야 할일을 한 것 뿐입니다. 억울하게 돌아가신 분들이나 가슴에 한이 맺혀 있는 유족들을 생각하면 더 많이 도와드려야 했는데 항상 부족한 금액을 지원하게 되어 늘 미안한 마음이었습니다."

■ 그런 어려움을 겪다보니 '이래서는 안 되겠다' 생각해 '6·25전쟁 민간인 학살에 대한 시 조례'라도 만들어져야 되겠다. 판단돼 2013년 초에 노 의원님께 찾아가 부탁을 드렸더니 흔쾌히 승낙하셨는데 귀찮은 생각이 들지 않았습니

까?

"해마다 시청 공무원들과 언쟁을 하면서 행사 지원금을 지원하는 것은 소모적인 논쟁이라는 생각을 하게 되었습니다. 제도적으로 조례를 만들어서 지원하는 것이 좋겠다는 생각을 하고 있었는데, 유족회에서 건의도 하고 해서 한번 해보자는 생각을 하게 되었습니다. 시민들의 민원이 접수되면 시민을 대변하는 의원으로서 귀찮다고 생각하면 안 된다고 봅니다. 당연히 도와 드려야 한다고 봅니다."

■ '창원시 6 · 25전쟁 민간인 희생자 위령사업 지원에 관한 조례'가 '2013년 9월 30일 조례 제 609호'로 당시 전

감사패 전달(시조례 제정애 대한)

국에서 전남 영광군을 비롯 호남지역 3곳만 빼고 타 지역은 조례가 없었을 때라 어려움이 많으셨죠?

"네. 이 조례가 전국적으로 확산되어 있는 보편적인 조례도 아니고 박완수 시장이나 보수정당인 한나라당 소속 시장인 만큼 시장이나 한나라당 소속 시의원이 동의하지 않으면 통과되기 어려웠습니다. 동료 의원이나 한나라당 대표 의원들을 설득했고 박완수 시장님도 면담을 통해 협조를 요청했습니다. 다행이 제 소관 상임위원회라 상임위원 의원들을 잘 설득하여 어렵게 나마 통과되어 정말 다행이었습니다."

■ 그때 시의원들 중 누구와 의논하셨고 또 누가 협조를 잘 해 주셨습니까?

"동료 보수정당 의원들의 설득을 제 혼자 한 것은 아닙니다. 마산시 의원시절부터 유족회에 협조를 해주고 있든 당시 이옥선 전 의원님과 공동 발의도 해주시고 많은 협조가 있어 가능했습니다. 해마다 행사 때마다 이옥선 전 의원님과 함께 참석을 했습니다."

■ 노 의원님께서 3선으로 당선되고 시의회 부의장으로 선출되자마자 저희 유족회의 오랜 염원이었던 위령탑 건립관계로 2020년 11월 2월 유족회 임원들과 허성무 시장님의

면담을 주선한 것이 위령탑건립의 계기가 됩니다. 그때 어떤 마음으로 주선해 주셨습니까?

"2013년 조례는 제정 되었지만 유족회의 위령제 행사 지원비 외 특별한 지원이 없어 안타까운 심정이 있었습니다. 그리고 유족회에서 위령탑 건립이 오랜 숙원사업이라는 사실을 잘 알고 있었습니다. 박완수 시장 이후 안상수 시장도 취임을 하고 담당 공무원들을 만나 여러 번 설득하고 건의를 했지만 위령탑 건립은 쉽지는 않았습니다.

2018년 지방선거에 민주당 소속 허성무 시장이 당선되고 제가 환경해양 농림위원장에 선출되어 담당 공무원들과 논의를 했지만 원활하게 진행되지 않았습니다. 다행이 제가 2020년 7월 1일 후반기 부의장이 되고 유족회에서 허성무 시장 면담을 하는 것이 좋겠다는 의견도 있고 해서 제가 주선을 했습니다.

저는 3선을 하고 더 이상 시의원을 하지 않겠다고 주위에 이야기를 하고 있었기 때문에 제 임기 중에 마지막 시기라는 절박한 심정으로 하게 되었습니다."

■ 그 후로 11월 21일 시 프레스센터 위령탑건립 공개요청 기자회견과 11월 26일 시의회에서 전홍표 시의원께서 '위령탑 건립을 해야 한다'는 5분 발언까지 하셨는데, 전홍

표 시원이 발언할 줄은 전혀 몰랐습니다. 전홍표 시의원님께서 발언한 특별한 어떤 배경이 있습니까?

"네. 앞에서 말씀 드린대도 저는 2022년 이후는 시의원 선거에 출마하지 않겠다고 지역구 주민들이나 가족들에게 약속을 한 사항이었습니다.

22년 이후부터 믿을 만한 후배 의원들이 유족회 관련 민원이나 업무를 챙겨줄 시의원이 필요하다고 판단되어 이옥선 전 의원님 지역구를 물려받은 전홍표 시의원을 유족회에 소개하게 되었습니다. 또한 위령탑 건립을 촉구하는 5분발언도 제가 계속하는 것 보다 시장과 같은 정당인 민주당 소속 전홍표 시의원이 발언하는 것이 여러 가지 좋겠다는 판단을 하게 되었고 협조를 요청했습니다. 다행히 전홍표 시의원이 흔쾌히 수락하여 5분 발언이 진행이 되었든 것입니다. 위령탑 건립 장소도 전홍표 의원 지역구라 협조가 잘 되었습니다. 이 자리에서 전홍표 시의원에게 감사의 말씀을 드립니다."

■ 위령탑 세울 분위기가 고조될 때 노 의원님께선 2019년 3월 23일 '유족회 2019년 총회'를 마산 남성동 어느 식당에서 하는데 당시 행정과장, 계장, 담당자와 함께 오셔서 저희들이 사전에 본 가포위령탑이 세워져 있는 장소를

답사했는데, 누가 먼저 가자고 요청해 오셨습니까?

"위령탑 건립을 허성무 시장이 약속하신 이상 일을 빨리 진행해야 되겠다는 판단을 하게 되었습니다. 허성무 시장이나 저나 임기가 2022년 6월 30일 이기 때문입니다. 그리고 의원생활 10년을 넘게 하면서 공무원들은 시장 눈치를 보면서 수동적이기 때문에 적극적으로 의원이 독려하지 않으면 일이 잘 진행되지 않았든 경험이 있었습니다. 그래서 담당과장과 계장에게 유족회에서 추천한 장소와 시가 여러 가지 위치나 종합적인 사항을 검토해서 보고를 하게 하였고 바로 현장 답사를 하자고 제가 제안을 하게 되었습니다."

■ 답사를 하고부터 담당부서에서 사전 조사 등 기획서를 짜 그해 예산 편성이 될 줄 알았는데 안 됐고, 그 다음해 2020년도도 코로나 때문에 어려움을 겪다, 2021년에 허성무 시장님의 결단으로 예산편성을 해 2022년 공사를 마무리 11월 26일 위령탑 준공식을 했는데, 노 의원님께서 그렇게 주선하지 않았다면 힘들었을 것이라 생각 됩니다. 새로운 감회가 일어났을 텐데 한 말씀 해 주시지요?

"앞에서 말씀하신대로 공무원들은 항상 수동적 행정을 한다는 것입니다. 예산편성도 당초 약속을 지키지 않아서 제가 담당국장하고 언성을 높여가면서 항의를 했고 저나 허성무 시장 임기 중에는 꼭 마무리 하겠다는 답변을 받았습니다.

결론적으로 유족회의 노력으로 경남 도의회를 통해 경남 도비 지원을 받게 되어 늦게나마 위령탑이 건립되어 정말로 다행이라고 생각합니다.

많은 분들의 노력으로 유족회의 숙원 사업을 마무리 하게 되어 저도 정말 기쁜 마음입니다."

■ 유족회나 유족들에게 더 하고 싶은 말씀이 계시다면 한 말씀해 주시지요?

"여러 가지 부족하고 큰 역할도 하지 못한 저에게 자료집 인터뷰를 요청해 주신 유족회에 진심으로 감사드립니다.

70여 년 전 억울한 누명으로 돌아가신 민간인들의 영혼들에게 위로가 되고, 가족을 잃고 슬픔과 고통 속에서 살아오신 유족들의 한이 조금이나마 위안이 되었으면 좋겠습니다.

아직 명예가 회복되지 못한 다른 유족들에게도 희망을 잊지 말고 노력한다면 언젠가는 명예가 회복될 것이라고 확신합니다.

마지막으로 이 위령탑이 유족들뿐만 아니라 자라는 학생들이나 창원시민들이 이 땅에 다시는 이런 비극적인 사건이 발생되지 않도록 반성과 교육의 장소가 되었으면 좋겠습니다.

다시 한 번 능력이나 자질도 부족한 저에게 관심과 많은 사랑을 주신 유족회나 창원시민들에게 진심으로 감사드립니다."

■ 감사합니다.
늘 건강하시고 가정에 행복이 깃드시길 빌겠습니다.

양민학살에 치를 떨은

대담자 / 이 상 익

■ 질문자 : 노치수
   대담일 : 2024년 2월 20일

대담자 정보

- 성명 : 이상익
- 생년월일 : 1953년 8월 13일
- 성별 : 남
- 주소 : 경남 함안군 대산면
- 경력 :
  -시인, 작곡가
  -현 한국창작가곡협회회원
  -현 한국작가회의경남지회 자문위원
  -현 김주열장학회 회장
  -현 사회복지법인가야 이사장(새길동산요양원)
  -전 경남청소년 문학대상 심사위원
  -전 성균관대학교사회복지대학원 석사과정 교수(겸임)
  -전 한국감사협회 부회장
  -전 경남노인복지협회 회장
  -전 한국도로공사 상임감사
  -전 대통령자문 동북아시대위원회 위원
  -전 마산YMCA 사무총장

주요 저서

-이상익의 시적사유 -잃은 자유 얻은 진실
-이상익의 창작동요집 -더불어 가기
-나는 멸종위기 동물이 되기 싫다 등 10여권

대담자 **이상익 이사장**

■ 이상익 이사장님은 요즘 어떻게 지내십니까?

"예, 덕분에 잘 지내고 있어요. 그런데 한반도가 자꾸 전쟁의 위험 속으로 깊숙이 들어가고 있는 듯하여 밤잠을 설치고 있습니다. 걱정입니다."

■ 새길동산요양원은 언제 설립해 운영해 오고 계십니까? 간단하게 설명을 좀 해 주시죠?

"예, 2001년 법인 설립 후 새길동산 본관은 2005년도에, 신관은 2010년도에 개관하였으니 벌써 세월이 많이 흘러갔군요. 처음 출발 때는 무료요양원으로 출발하였어요. 그런데 2008년 7월부터 모든 국민들이 건강보험료를 의무적으로 납부하듯이 〈노인장기요양보험제도〉가 생기면서 무료요양원에서 바뀌어 지금에 이르고 있습니다.

가난한 생활보호대상자는 100% 무료이고, 그 외 일반인은 80% 무료이고 차상위나 국가유공자들은 8~10%만 납부하면 입소 가능해요. 사실 거의가 무료라 해도 과언이 아닙니다."

■ 어디에 있으며 어떤 분들이 들어와 계십니까?

"함안군 대산면 옥렬리에 있어요. 네비게이션에 〈새길동산 요양원〉치면 정문까지 안내하지요. 나이 제한은 없는데, 현재 40대~104살까지 입소하고 계세요. '요양등급'을 받되 '시설등급'을 받아야만 입소가 가능하고 등급판정은 전국에 있는 〈건강보험공단〉어디든지 신청하면 됩니다."

■ 저는 한참 뒤에 알았는데, 대학 다니실 때 박정희 독재 타도를 위해 민청학련사건으로 옥고도 치루고 고생을 하셨던데 그때가 대학 몇 학년, 몇 년도였습니까?

"제가 한양대학교 대표로 1974년 박정희 정권 때 유신독재 정권타도를 외치다가 〈민청학련〉에 연류, 보안대- 서울구치소- 안양교도소를 거쳐 마산교도소에서 출소했어요. 그후 1979년 유신의 원흉 박정희가 암살당하였는데도 전두환 신군부가 또다시 장충체육관에서 2,359명의 대의원으로 대통령을 뽑으려 획책하였을 때 계엄령 해제와 대통령직접선거를 외치다 전두환 세력에 의해 〈대통령간접선거반대국민총궐기대회〉소위 명동 YWCA위장결혼사건의 한국기독청년협의회 대표로 구속되었고, 보안사에서 서울구치소를 거쳐 대전교도소에서 출소하였지요."

■ 유신정권은 도대체 어떤 정권이었나요?

"1972년 10월 17일 유신헌법 발동으로 헌정이 중단돼 버렸지요. 이 헌법에 기초하여 유신정권이 탄생하였고요. 이때를 '긴급조치시대' 또는 '겨울공화국시대'라고 하였어요. 한국역사상 대통령권력이 옛날 왕조시대 때보다도 더 최고로 강화였던 시대이지요.

대통령의 영구집권, 일종의 총통제로 장춘체육관에서 2,359명의 통일주체대의원들이 100%투표에 100%찬성이었어요. 국민의 기본권도 제한하고 국회해산권도 대통령이 가졌어요. 국회의원 1/3을 대통령이 임명했고, 옥내외집회, 시위 금지 되고 언론, 출판, 보도, 방송도 사전 검열하였고, 각 대학은 휴교조치하고 이 모든 것을 어기면 영장없이 바로 잡아가서 수사 구속하였어요. 한마디로 미쳤었죠. 대통령이 임명한 국회의원 소위 유정회의원(유신정우회)은 외국나갈 때 뺏지 떼고 나갔어요. 왜냐하면 외국인들이 한국국회의원이라면 '당신은 국민선출직이냐? 대통령선출이냐?'를 물어보니까 창피해서지요.

이때는 아프리카를 포함 전 세계에서 유일한 팟쇼 헌법과 팟쇼 전체주의 정부가 이 지구상에 존재하였었는데 그곳이 바로 내가 살고있는 대한민국이었으니 얼마나 피를 토할 일이었겠습니까?"

■ 수형생활은 얼마나 하셨습니까?

"9년형을 받았는데 3년 정도 수형생활을 하였습니다."

■ 정말 고생하셨군요?

"우리 민청학련사건과 연관 지은 인혁당사건 관련자분들 중 8명은 억울한 누명을 쓰고 사형까지 당했지요."

■ 1950년 '민간인학살이 있었다'는 이야기는 언제부터 알고 계셨습니까?

"대학 때니까 아주 오래 되었었죠. 잘 알려져 있던 〈거창 양민학살사건〉을 알게 되었어요. 이승만의 간계에 치를 떨었지요. 모두 빨갱이 소행으로 몰았잖아요. 국회조사단이 거창 현장을 조사차 가니까 당시 연대장 오익경, 대대장 한동석이 11사단 군인들을 북한군 복장을 입혀 양쪽 산에 매복시켜 놓았다가 국회조사단이 오자 총질하여 무산시켰는데, 경남지역 계엄사령관인 김종원의 지휘하에 자행되었지요. 뒤에 알았지만 산청·함양양민학살 등 양민학살이 함안, 마산, 진주 모든 지역에서 다 자행되었다는 사실을 알고 이승만의 만행에 치를 떨었었지요."

■ 민간인학살에 대해 어떻게 생각하셨습니까?

"이런 억울하고 원통한 죽음이 어디 있나요? 돌아가신 당사자야 말할 필요도 없지만 그 아픔을 가슴에 안고 평생을 사시다가 가슴의 멍과 함께 이미 떠나가신 가족들 그리고 부모님, 친척들 얼굴도 모른 채 어릴 때 기억이 가물가물한 지금의 유가족들의 한을 무엇으로 다 갚겠습니까?

민간인학살이 자행된 지가 도대체 언제입니까? 아직도 깨끗이 해결되지 못하고 있다니 그만큼 악의 뿌리가 깊이 박혀있다는 증거 아니겠어요?

한심하기 그지없어요. 완전한 진실규명과 함께 명예회복과 가해자의 단죄 그리고 배상이 반드시 이뤄져야합니다. 세월이 훌쩍 지나갔지만 그때 악행을 저지른 자들도 다 밝혀내 역사의 교훈을 삼아 후세들에게 알려야합니다."

■ 그래서 그런지 이사장님께서는 다른 사람들보다 민간인학살에 대해 지대한 관심을 가지시는 것 같습니다. 몇 년도인지 기억이 나지 않는데 저를 신마산 정금교회에 초청해 증언까지 하라고 불러주시고….

"아 그랬었지요. 저도 기억이 납니다. 그때 제가 설교를 했었는데, 직접 작사 작곡한 추모곡의 노래도 불렀었지요."

■ 또한 저희 유족회에서는 전혀 생각지도 않았는데 2019

그 날에

'19.4.14//6.8.<민간인 학살 합동 추모회 >

작사.작곡 이상익

년 1월 중순에 창원유족회에 찬조까지 하셨는데, 어찌 그런 생각을 하셨습니까?

"유족분들을 뵙거나 행사 때가 되면 항상 저의 마음이 죄스러움과 함께 편치 못했어요. 제가 할 수 있는 일이 비록 적더라도 뭔가 같이 하고 싶다는 마음을 가지고 있었는데 아마 그 발로였겠지요."

■ '2019년 6월 8일 제69주년 12차 괭이바다 선상 추모제'를 할 때 괭이바다 배위에서 중창단으로 단체재능기부로 '그날에'를 비롯하여 추모곡을 불러주셨는데 그 노래가 이 사장님께서 직접 작사 작곡하신 것이죠?

"아! 예, 선상추모제 때도 제가 작사, 작곡한 노래를 하였어요. 선상이라 더욱 잊지 못할 광경이었거던요. 국화꽃을 흘러가는 바닷물에 던질 때 얼마나 가슴이 아팠는지 몇 날 동안 그 광경들이 저의 머리에서 떠나지 않았어요."

■ '그날에'를 작사 작곡하실 때 어떤 감정이나 생각이 들었습니까?

"괭이바다를 생각하니 울컥 했어요, 오랏줄과 철사줄에 묶인 채 저 시퍼런 바다에 수장되었을 그 광경을 상상하는 것은 몸서리치도록 괴로운 일이지요. 죄없이 죽어가는 양민들의 몸부림과 그 순간에도 사랑하는 가족생각 등 오만 가지를 가슴에 떠 올리며 가셨을 테니 천하에 이런 죄를 저지른

저들을 어찌 용서하겠습니까?

이제 한서린 이 세상이 참세상이 되어 6 · 25의 비극과 조작된 빨갱이 타령의 노래를 넘어 평화와 정의가 강물처럼 흐르는 세상을 위해 달려가야 합니다. 그날을 고대하며 '그날에'를 님들에게 들려주고자 작사, 작곡을 하게 되었지요."

■ 2022년 11월 26일 마산 가포동에 유족들의 오랜 염원인 위령탑 제막식 때도 중창단으로 '그날에'를 불러주셨는데, 정말 보기가 좋았습니다. 재능기부를 한다고 단원들이 모여 연습도 많이 하셨을 텐데 불평불만을 하지 않았습니

창원 한교회 중창단의 공연 모습.

까?

"아이고 당연히 같이 해야지요. 우리 〈창원한교회〉에서 중 창단팀을 만들어 여러 번 연습하고 당일 공연하였었는데, 모 두 즐거운 마음으로 임하였고 목사님, 장로님과 저의 아내도 함께 하였지요.

다음에는 또 다른 팀으로 추모행사에 동참할테니 불러주 십시오. 하! 하!"

■ 유족회나 유족들에게 한 말씀해 주시지요.

"불의와 불법을 자행한 악한 정부 때문에 억울한 죽임과 생이별을 당하셨고 힘들게 살아오신 유가족분입니다. 꼭 건 강하셔야 합니다. 그래서 아름답고 평화가 가득한 이 세상을 억울하셨던 세월만큼 누리셔야 합니다.

모두 같이 사악한 세력들이 다 없어져서 정의로운 세상이 올 때 보란 듯이 두둥실 어깨춤 추며 어깨걸이 해야 하지 않 겠습니까. 모든 유가족분들께서 선한 이들과 더불어 꿋꿋이 걸어갑시다."

■ 감사합니다.

늘 건강하시고 앞으로도 창원유족회에 많은 관심 부탁드 리겠습니다.

"예, 그렇게 하겠습니다. 회장님께서도 맡은 일을 위해서 라도 부디 건강 잘 챙기시길 바랍니다."

2부

잊혀져가는
유족들의
슬픈 이야기

숙직날 야밤에 걸려진
인공기의 누명 때문에…

증언자 / 강 경 석

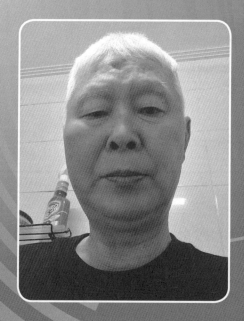

증언자 정보

• 증언자 : 강경석
• 생년월일 : 1949년 12월 21일
• 희생자와 관계 : 자
• 주소 : 충북 괴산군 문광면
• 직업 · 경력 : 전 회사원(외항선 선원)

희생자 정보

• 희생자 : 강신구(28)
• 생년월일 : 1923년 11월 17일
• 성별 : 남
• 당시 주소 : 경남 창원군 진전면 봉곡
• 당시 직업 : 전 공무원(전 창원군청 농경계장)

■ 증언하시는 분의 성명이 어떻게 되시죠?

"희생자 강신구의 자 강경석입니다."

■ 어디 성씨며 고향은 어디십니까?

"진양 강씨이며 고향은 마산합포구 진전면 봉곡입니다."

■ 증언자께서는 형제가 어떻게 됩니까?

"외동 아들입니다."

■ 1950년 민간인학살 때 누가 학살희생 당하셨습니까?

"저의 집안에서는 큰 아버지(강신호)와 저의 아버지(강신구)가 희생당했습니다."

■ 희생자가 언제 몇 살 때 그렇게 당하셨는지요?

"제가 2살 때 아버지가 28세 때고, 저의 큰아버지가 31살 때 학살당했습니다."

■ 그 당시 학력이나 직업이 무엇이었는지 혹 아십니까?

"큰아버지는 고향 촌에서 농사를 지으셨고 저의 아버지는 김해농고를 나와 공무원시험에 합격해 고향 진전면에서 근무하시다 당시 창원군청에서 농경계장으로 근무하셨다 합니다"

■ 끌려가셨거나 불려가셨다면 누가 와서 함께 가셨는지
요? 예를 들어 경찰이라던가 군인이라던가?

"어떤 사람인지는 모르고 어머니 말씀은 저녁에 세 사람이
와 잠깐 보자며 대문 밖으로 불려갔답니다."

■ 뭐라 하면서 불러갔답니까? 이유가 무엇이라 하던가요?

"이유는 모르고 그냥 보자고해 나가셨는데, 아마 경찰서나
형무소로 가시지 않았겠나 추측할 뿐이고 소문에는 마산 시
민극장으로 가셨다는 이야기도 있습니다."

■ 그때 부모님도 계셨는지요?

"그때 신마산에서 방을 얻어 살 때라 당시 어머님만 계신
지라 어머님 이야기로는 세 사람이 와 불려나갔다고 합니
다."

■ 어머님께서 다른 말씀은 없었는가요?

"어머님은 당시 18세 정도라 잘 모르셨답니다."

■ 그때 집안에서는 어떻게 대처하셨는지 아시는 대로 이

야기 해 주시죠.

"집안에서는 고향 큰집에도 큰아버지도 함께 불려가셨기에 정신이 없었겠지요."

■ 희생자가 가시고 나서 부모님들은 어떤 조치를 취하셨는가요?

"어머님은 어리고 큰집에서도 당하고 했으니 어떻게 할 도리가 없었나 봅니다"

■ 당시 마을에서 몇 명이나 함께 끌려가셨다 합니까?

"고향 마을에서 네 명이 함께 불려가셨다 들었습니다."

■ 만약 보도연맹으로 불려가셨다면 보도연맹이라는 것을 어떻게 가입하신지요?

"보도연맹은 잘 모르겠고 아버지가 공무원이다 보니 앞날 숙직을 하는 밤에 국기게양대에 인공기가 걸려있었다 합니다. 누가 그랬는지 모르지만 아마 그것 때문에 끌려가셨다고 알고 있습니다."

■ 그렇게 불려 가신 뒤로 가정생활에 어떤 변화가 일어났습니까?

"어머님은 살아가기 위해 미싱(바느질)을 배워 신마산부두가에 군인들 옷 만드는 공장에 다니다 제가 5살 때 저를 외가집에 맡기고 재가를 했답니다."

■ 어떤 분들은 불려 가시고 나서 바로 학살된 분도 계시고 또 어떤 분들은 마산형무소에 수감되셨다 학살당하셨는데, 어떻게 되었는지 아시는 대로 이야기 해 주시죠?
"당시는 전혀 모르고 있다 한참 뒤 어느 정도 크고 학교에 다닐 때 보도연맹에 가입한 것을 소문으로 들었을 뿐입니다."

■ 죽음을 당하셨다면 어디에서 어떻게 죽음을 당했다는 소문이라도 들었습니까?
"어디에서 죽음을 당하셨는지 모르다보니 시신도 못 찾았지요."

■ 억울하게 죽음을 당한 이후로 집안에 변화가 많았지요?
"아버지 형제가 4형제였는데 바로 위 두 형제가 그렇게 당하다보니 아래 두 동생 중 바로 아래 삼촌이 툭하면 경찰서에 불려 다니다 할 수 없이 도망을 가버렸습니다. 그렇게 큰집 작은집 당하다보니 집안이 엉망진창이 되었지요."

■ 혹 제사는 누가 언제 지내고 계십니까?

"제사는 큰집에서 지내다 제가 어른이 되고부터는 9월 9일 지내다 얼마 후에는 날짜를 바꿔 지냅니다. 불려나간 날이 7월 15일이니, 하루 앞날인 7월 14일로 큰집과 똑같이 지냅니다."

■ 연좌제 또는 당국의 감시나, 빨갱이 가족이라는 낙인 등으로 불이익이나 어려움을 겪은 사례를 말씀해 주시죠?

"제가 할아버지와 할머니의 도움으로 고향에서 어렵게 초등학교를 9년 만에 마치고 겨우 중학교 졸업 후 마산공업고등학교를 졸업할 무렵 12월 초에 부산에 있는 숙식을 제공하는 특수대학에 합격하고 1월 초에 합숙훈련을 하다 3~4일 만에 끌려나온 경험이 있고요, 그 후로 국내에서는 숙식을 제공하는 곳이 없어 외항선을 타려고 응시한 곳이 일본의 삼광기선회사에 응시 합격했을 때는 여권을 낼 수가 없어 애를 먹다가 그 당시 3급 공무원 3명 이상 보증을 세워오면 여권을 내주겠다해 검사 한 명과 전신전화국 과장 및 동회 동장이 보증을 서줘 외항선을 타게 되었습니다."

■ 희생된 분께 하고 싶은 말씀 있으시면 해 주십시오?

"제가 진해에 살 때 술집에서 어떤 남자 두 사람이 무용담

삼아 이야기를 하는데, 사람들을 줄로 묶어 배에 태워 바닷가에 가 물에 밀어 넣고 총을 쏴 줄줄이 빠트려 죽였다는 이야기를 듣고 한참 뒤에 느끼기로는 그들이 우리 아버지 같은 분들을 죽인 사람들이 아니었을까 생각에 정신이 오싹했습니다."

■ 2020년 11월 20일 아버지의 형사재심소송을 근 7년 만에 무죄선고를 받아 명예회복을 하셨는데 그때 마음이 어떠했습니까?
"아무 생각이 없었고 속이 타고 입안이 말라 그저 멍했습니다."

■ 정부나 지자체에 하고 싶은 말씀 있으시다면 한 말씀 부탁할게요.
"아버지가 무죄선고를 받고 보니 다소 마음이 풀립니다. 더할 이야기는 별로 없습니다."

■ 수고하셨습니다.
"감사합니다."

■ 예 감사합니다.

늘 건강하시고 행복하시기 바랍니다.

국가보안법 위반으로
복역 중 전쟁으로 희생

증언자 / 김 일 두

김여태 김연석 김영명 김영식 김영옥 김영재 김영학 김영항
김용술 김용을 김용절 김용필 김우수 김우식 김윤조 김윤석
김익봉 김인두 김일태 김임수 김재동 김재두 김재현 김재홍
김종갑 김종관 김종대 김종복 김종명 김종복 김종배 김종수
김지열 김진갑 김진석 김진회 김진권 김진천 김질돌 김창규
김치삼 김태동 김태수 김택근 김평호 김필상 김한룡 김한준
김형찬 김홍규 김홍배 김훈배 김홍수 김해돈 김희태

■ 질문자 : 노치수
   대담일 : 2024년 2월 27일

증언자 정보

• 증언자 : 김일두(김日斗)
• 생년월일 : 1938. 1월 23일
• 희생자와 관계 : 둘째 여동생
• 주소 : 부산. 금정구 장전1동 412

희생자 정보

• 희생자 : 김일태(金日泰)(23세)
• 생년월일 : 1928년 7월 15일
• 성별 : 남
• 당시 주소 : 경남 창원시 마산합포구 진북면 대티리 794번지
• 당시 직업 : 농업(야학 선생)

■ 증언하시는 분의 성명이 어떻게 되시죠?

"희생자 오빠 김일태(金日泰)의 둘째 여동생 김일두입니다."

■ 어디 성씨며 고향은 어디십니까?

"김해 김씨고 경파이며, 경남 창원시 마산합포구 진북면 대티리입니다."

■ 증언자께서는 형제가 어떻게 됩니까?

"1남 5녀 중 둘째 딸입니다."

■ 1950년 민간인학살 때 누가 학살희생 되셨습니까?

"하나뿐인 오빠 김일태(金日泰)입니다."

■ 희생자가 언제 몇 살 때 어떻게 당하셨는지요?

"1950년 22세 때 마산형무소에 수감 중 학살희생 되셨어요."

■ 그 당시 학력이나 직업이 무엇이었는지 혹 아십니까?

"진주농림학교 졸업 후 고향에서 야학을 하였을 때 잡혀가셨습니다."

■ 끌려가셨거나 불려가셨다면 누가 와서 함께 가셨는지 혹 아십니까?

"경찰이 1949년 2월에 국가보안법 위반으로 마산경찰서로 붙잡아 갔습니다."

■ 뭐라 하면서 잡아갔습니까? 이유가 무엇이라 하던가요?

"진주농림학교를 졸업하고 고향에서 야학하면서 이승만 정부를 반대하는 동네 형들과 어울려 다니면서 밤에 공산당 관련 노래를 부르고 돌아다녔다는 죄목으로 잡아 갔습니다. 참고로 1차 진실위원회 책자 제6권, 2009년 하반기 조사보고서 '경남 마산·창원·진해 국민 보도연맹 사건 333p에 기록된 것을 보면 나이가 많은 동네 형인 김상만, 김문태가 불러내면 어쩔 수 없이 나가게 되었는데, 그 사람들을 보면 김여태, 김종명, 김일태, 천문병, 황운도, 김종관, 박정대 등과 어울려 다닌 것으로 나옵니다."

■ 잡혀갈 때 이야기를 들었거나 보았다면 아시는 대로 이야기 해 주십시오.

"2009년 진화위 하반기 조사보고서를 보니까 진북면 보도 연맹은 1949년 결성되었다고 하는데, 집안의 먼 친척인 감상만, 김문태와 어울려 다니지 말라며 삼베 두 필을 주면서 팔아 만주로 가라고 내보냈으나 구산면 옥계로 시집 간 여동생 집에 며칠 있다가 돌아오면 또 불러내어 같이 어울려 다녔다고 합니다."

■ 그때 부모님도 계셨지요?
"아버지와 어머니 두 분 다 계셨습니다."

■ 부모님들은 뭐라 하셨는지요?
"그 후로도 동네 집안 동생과 함께 만주로 가도록 타일렀으나 또 시집간 여동생 집에 며칠간 머물다 돌아오곤 했다고 합니다."

■ 그때 집안에서는 어떻게 대처하셨는지 아시는 대로 이야기 해 주시죠.
"엄마 변운(卞玄)은 넷째 딸을 업고 마산형무소로 두 번 면회를 다녀오신 것으로 알고 있습니다."

■ 희생자가 잡혀가시고 나서 부모님들은 어떤 조치를 취하셨는가요?
"보도연맹 사건으로 모두 사망한 것도 모르시고 언젠가는 하나뿐인 아들은 반드시 돌아온다고 믿고 있었답니다."

■ 당시 마을에서 몇 명이나 함께 끌려가셨다 합니까?

"김상만은 도망간 후 경찰에 붙잡혔다고 하였고, 8명은 마산경찰서로 연행돼 잡혀 갔다고 합니다."

■ 만약 보도연맹으로 불려가셨다면 보도연맹이라는 것을 어떻게 가입하셨는지요?

"엄마는 동네에서 제일 나이 많았던 김상만과 어울리지 말라고 당부하기도 했다고 하였으나 매일 밤 김상만과 몇 명 형들이 오빠를 불러내어 나갔던 것으로 기억하고 있으며, 그 후 동네 오빠들과 함께 경찰에게 잡혀간 것을 알게 되었습니다."

■ 그렇게 불려 가신 뒤로 가정생활에 어떤 변화가 일어났습니까?

"외아들이 잡혀갔으니 가정은 늘 말할 수 없는 걱정과 한숨이 끝나질 않았지요. 부모님이 마산형무소로 두 번 면회를 다녀온 날이면 더했구요."

■ 어떤 분들은 불려 가시고 나서 바로 학살된 분도 계시고 또 어떤 분들은 마산형무소에 수감되셨다 학살당하셨는데, 어떻게 되었는지 아시는 대로 이야기해 주시죠?

"당시에는 몰랐는데, 뒤에 국가기록원에서 열람한 마산형무소 재판 기록을 보니 징역 1년을 선고 받아 복역 중 6·25전쟁으로 마산형무소 복역자들 모두 동시에 학살된 것으로 나옵니다."

■ 죽음을 당하셨다면 어디에서 어떻게 죽음을 당했다는 소문이라도 들었습니까?
"마산형무소에 함께 수감 된 분들과 어디론가 끌려갔다는 소문만 들었습니다."

■ 소문을 들었다면 혹 시신이라도 찾았습니까?
"마산형무소에 계셨던 사람들 모두 어디론가 끌고 갔다는 소문을 들었지만 언젠가는 다시 돌아올 줄 알고 있었답니다."

■ 오빠가 잡혀간 이후로 집안에 변화가 많았지요?
"부모님은 하나뿐인 아들이 돌아오지 않고 있으니 매일 장독 위에 정한수를 떠놓고 기도를 드렸고요, 아들이 보고 싶어 술을 마시며 가슴을 치면서 평생을 살았답니다."

■ 그렇게 희생된 이후 가족의 삶은 정말 어려웠을 텐데

요?

"그 후 정삼마을 앞 다리 밑에 버린 갓난아이가 울고 있다는 소문을 듣고 좋은 일 하면 큰아들이 살아올 것으로 믿고 갓 태어난 막내딸 젖을 함께 먹이고, 젖동냥하며 업둥이를 키웠으며, 아버지 김종석(金鍾碩)은 1986년 8월 23일(85세), 어머니 변운(卞云)은 1991년 9월 1일(84세)에 한많은 세상을 떠났습니다."

■ 오빠의 죽음을 모르니 시신도 못 찾았겠습니다.
"어디 가서 죽였는지 모르니 무덤도 없습니다."

■ 혹 제사는 누가 지냈습니까?
안 지내고 있습니다. 부모로부터 전 재산을 물려받은 업둥이인 막내가 지내는 것으로 알고 있으나 소식이 끊어진 이후로 지내는지 모릅니다."

■ 연좌제 또는 당국의 감시나, 빨갱이 가족이라는 낙인 등으로 불이익이나 어려움을 겪은 사례를 말씀해 주시죠?
"자매들이 공무원이나 취직을 하지 않고 고향에서 부모님과 함께 살다가 모두 중매로 시집을 가서 그런 일은 없었습니다."

■ 4 · 19혁명으로 이승만 정부가 무너지고 난후 1960년
도 진실규명을 위해 각 지역에 유족회가 결성돼 활동한다는
소문을 들었습니까?

"1960년도는 모르겠고, 내 큰아들이 2007년 인가 TV 자막
에 "보도연맹 피해자 가족들은 1차 진실위원회에 신고"하라
는 글은 봤다고 합니다. 나는 오빠에 관한 이야기는 비교적
잘 알고 있었으나 어릴 때 마을에서 보도연맹에 관한 이야
기는 '빨갱이들'이라며 안 좋게 이야기를 해서 혹시 교육공
무원인 큰아들이 불이익이 있을까 신고하지 말라고 했습니
다."

■ 혹시 부모님이나 집안에 누가 유족회 활동에 참여하며
어떤 노력을 하셨는지요?

"2019년 경남일보인지 신문에 난 유족회 현수막에 외삼촌
이름이 있다는 것을 마산에 사는 큰언니 둘째가(생질) 내 큰
아들에게 알려주었고 큰아들이 인터넷을 통해 유족회를 알
게 되고 그때부터 유족회와 함께 하고 있습니다."

■ 희생된 분께 하고 싶은 말씀 있으시면 해 주십시오?

"보도연맹으로 억울하게 희생된 많은 분이 '빨갱이'라고
손가락질을 당하고 부모 · 형제도 모르게 죽임을 당했는데

명예 회복과 그에 상응하는 보상을 모두 받아 부모님 산소에서 그간 아들을 잃고 평생을 그리워하면서 안타까운 한을 잊도록 부모님 산소에서 고할 수 있도록 해 주시기 바랍니다."

■ 정부나 지자체에 하고 싶은 말씀 있으시다면 한 말씀 부탁할게요.

"그동안 진실화해위원회와 유족회에서 보도연맹으로 인해 죽임을 당한 분들의 명예를 회복시켜주고 있지만, 아직 많은 유족이 있으니 정부가 적극적으로 나서서 해결해 주시기를 당부드립니다."

■ 유족회에 하시고 싶은 말씀이 있다면….

"회장님 이하 유족회 집행부에 큰일을 맡겨 놓고 기대를 많이 하고 있습니다. 더 많은 유족을 찾아내 위로해 주시면 고맙겠습니다."

■ 감사합니다.
늘 건강하시고 가정에 만복이 깃드시길 빕니다.

시민극장 모임에
가신 후 연락 두절

증언자 / **김흥배**　　희생자 / **김제동**(35세)

■ 질문자 : 노치수
대담일 : 2024년 2월 15일

증언자 정보

- 증언자 : 김흥배
- 생년월일 : 1944년 11월 8일
- 희생자와의 관계 : 차남
- 주소 : 경남 창원시 마산회원구 회원동
- 직업 · 경력 : 전 고교 교사

희생자 정보

- 희생자 : 김제동(35세)
- 생년월일 : 1916년 12월 10일
- 성별 : 남
- 당시 주소 : 경남 마산시 남성동
- 당시 직업 : 상업

오늘 증언자는 김제동 희생자의 차남 김흥배입니다.

김해 김씨 삼현파이며 고향은 마산입니다.
저의 형제는 어머님 슬하에 2남 2녀 중 차남입니다.

저의 아버지는 1950년 6월 28일 마산 시민극장의 모임이
후 행방불명되셨습니다. 그날 모임 연락을 받고 시민극장에
가산 이후 연락이 두절되었습니다.

할아버지가 중학교 진학을 반대해서 아버지께서는 마산에
서 만주로 가서 고학으로 만주 간도에 있는 용정중학교를
졸업했고 만주 목단강시에서 치과 재료상을 운영하셨습니다.

그 후 일본이 패망하고 한국이 독립된 뒤 고향 마산으로
오셔서 할아버지와 함께 건축재료상을 경영하셨습니다.

시민극장 모임 장소에서 트럭에 태워 경찰 군인들의 호송
하에 마산형무소로 이송된 후 행방불명되었습니다.

저의 집안에 아버지, 고모부, 종백부 이렇게 세분이 학살
희생되었습니다.

죄가 없으니 당연히 석방되겠지 하고 초조하게 기다리며 지냈습니다.

보도연맹에 가입한 동기는 건축재료상을 하고 있는데 관계자가 찾아와 가입을 종용해서 사업상 불이익을 받을까봐 마지못해 가입한 것으로 알고 있습니다.

제가 6세 때의 기억으로는 조부모님과 백부님 그리고 어머니는 아버지가 석방될 날만 손꼽아 기다리면서 이리 뛰고 저리 뛰고 하신 것이 기억이 납니다.

아버지께서 대한민국에 해가 되는 어떤 행위를 한 적이 없기에 불안한 마음으로 정국의 추이만 주시하고 있었답니다.

그런 가운데 마산형무소에 수감된 사람들이 어느 날 밤사이 다른 곳으로 이송된 사실을 알았습니다. 그 시기가 1950년 7월에서 8월 사이인 것으로 얘기를 들었습니다.

그래서 저의 할머니께서는 매일 아들을 생각하며 눈물을 흘리며 밤낮으로 울부짖는 소리가 온 동네를 울렸답니다.

그 당시 들은 바로는 죽음을 당한 장소와 시신이 어떻게 되었는지는 물론이고 아버지의 흔적을 찾을 길이 없었답니다.

저의 어머니와 형제자매들은 아버지를 그리워하며 매일매일 집안에 사진만 걸어놓고 하루빨리 오시기만 기다렸습니다.

내가 초등학교 2학년 때 아버지께서 입으셨던 양복들을 어머니께서 다 없애는 것을 보고 이불을 뒤집어쓰고 울었던 기억만 남았습니다.

지금 생각해보면 1950년대 우리나라가 해방된 지 5년이 되고 6·25사변이 터진 해니까 정국이 어수선 했다는 것을 짐작합니다만 그러나 무고한 민간인들을 학살하고도 그에 합당한 사과와 배·보상이 없었다는 것은 도저히 이해가 안 됩니다.

지금은 어머니와 형이 한을 품고 저 세상으로 가고 안 계시지만 돌이켜보면 정말 가슴 아픈 일입니다.

무덤도 없고 돌아가신 날짜를 모르는 제사는 9월 9일 지 낸다기에 저의 아버지 제사는 어머니 사후에 저의 집에서 아버지를 그리워하면서 지냅니다.

이전에 아버지가 소유하셨던 재산들도 아버지가 행방불명 되신 후 거의 없어졌습니다.

우리나라 사회적 분위기가 보도연맹으로 억울하게 희생된 유족들인 우리들에게 눈에 보이지 않는 낙인이 우리들을 힘 들게 했습니다만 언젠가 각 지역에서 진실규명된 유족들이 민사소송 후 대법원 최종판결에서 민간인 학살에 대한 국가 책임이 있다고 손을 들어준 후부터 어느 정도 대의명분이 선 것으로 알고 있습니다.

저는 TV드라마나 어디서든 아버지라는 단어만 나오면 그 리움의 눈물만 흘렸습니다. 6살 때 아버지께서 건축재료상에 서 장사를 마친 뒤 상투과자와 소고기를 사들고 집으로 와 아버지와 함께 맛있게 먹었던 추억이 아련히 남아있습니다. 너무나 그립습니다.

지금 이 순간도 옛 생각을 더듬으며 회상하니 눈물만 자꾸

흐릅니다.

부디 하늘나라에서 아버지 어머니 우리 4남매가 다시 만나 못다한 생의 출발부터 다시하고 싶은 마음뿐입니다.

한 가정의 가장을 무고하게 희생시켰습니다.
그러나 이젠 그 아픔을 이겨내고 정신을 차려 마지막 남은 여생을 보내야 되겠지요.

1960년 4·19혁명 이후 이승만 정부가 물러가고 보도연맹에 대한 인식이 좋지 않을 때 뜻있는 유족들이 일어나 진실 규명을 위해 용기 있게 활동하신 분들에게 격려의 박수를 보내고 싶습니다.

지금이라도 보도연맹으로 학살 희생된 유족들에게 국가가 일괄적으로 배·보상을 해야 한다고 생각합니다.

평생을 아버지가 안 계신 결손가정이라는 멍에를 안고 살아왔고 또 아버지를 그리워하면서 경제적 어려움과 겪은 서러운 일들은 6·25가 남긴 상처라 하기엔 너무나 크고 잘못된 것이라고 생각지 않습니까?

관계자의 권유로 보도연맹에 가입한 것만으로 우리 아버지께서 학살 희생당하신 것을 생각하면 아직도 여한이 남습니다.

아버지! 다시 만날 날을 기다리며 부디 하늘나라에서 편히 영면하시길 빕니다.

한의사 개업을 늦추며
독립운동에 투신했지만…

증언자 / 노 승 용

■ 질문자 : 노치수
　대담일 : 2024년 2월 6일

증언자 정보

- 증언자 : 노승용
- 생년월일 : 1953년. 6월 16일
- 희생자와 관계 : 희생자의 친조카
- 주소 : 경남 창원시 회원구 내서읍 삼계본동
- 직업·경력 : 전 회사원(사회단체 활동가)

희생자 정보

- 희생자 : 노병한(41세)
- 생년월일 : 1909년 1월 9일생
- 성별 : 남
- 당시 주소 : 경남 창원군 내서면 삼계리 634
- 당시 직업 : 한의원

■ 증언하시는 분의 성명이 어떻게 되시죠?

"노승용이라 합니다."

■ 증언자는 어디 성씨며 고향은 어디십니까?

"교화 노가이며 창원시 회원구 내서면 삼계리 입니다."

■ 증언자께서는 희생자와 어떤 관계입니까?

"희생자 노병한의 친조카입니다."

■ 1950년 민간인학살 때 누가 학살희생 되셨습니까?

"큰아버지 노병한 백부님께서 학살희생당하셨답니다."

■ 학살희생자께서 형제가 어떻게 되시죠?

"백부님 아래 두 중부님과 막내인 저의 아버지 해서 4형제
랍니다."

■ 희생자께서 언제 몇 살 때 그렇게 당하셨는지요?

"백부님께서 1950년 7월경에 41세 나이로 그렇게 당하셨
습니다."

■ 그 당시 희생자의 학력이나 직업이 무엇이었는지 혹 아

십니까?

"백부님께서 일본 동경에서 대학을 나오셨다고 했으며, 마산 성호동에서 한의원을 하셨다고 합니다."

■ 끌려가셨거나 불려가셨다면 누가 와서 함께 가셨는지요? 예를 들어 경찰이라던가 군인이라던가?

"큰어머님하고 단 둘이서 점심을 먹고 있는데, 경찰이 와서 불러서 갔다 했어요."

■ 뭐라 하면서 불려 가셨다던가요? 이유가 무엇이라 하던가요?

"이유는 못 들었고 경찰이 와서 잠시 조사할 일이 있다며 백부님만 데리고 갔다 합니다."

■ 그 후 집안에서 어떻게 대처했답니까?

"불려 가시고 나서 5촌 당숙이 알아보았으나 알 수가 없었다했어요."

■ 불려간 후 이야기를 전해 들었거나 아시는 대로 이야기해 주십시오.

"큰아버지께서 불려 가시고난 한참 후 저의 어머님께서 아시기로는 큰아버지께서 마산형무소에서 쇠사슬에 묶여있다 처형당했다는 소식을, 큰아버지 밑에서 일보는 사람이 함께 잡혀있다 풀려나와 이야기를 전해 주었다 들었습니다. 그 뒤 그 사람은 사라지고 없었다고 합니다."

■ 어디서 처형당하셨다 들었습니까?
"어디서 처형당하셨는지 정확하게 모르고 그때 소문으로는 괭이바다에서 당하지 않았겠나 추측할 뿐입니다."

■ 어디서 처형당하셨는지 모르면 시신도 못 찾았겠네요?
"시신도 못 찾다보니 무덤도 없습니다."

■ 제사는 어떻게 누가 지냅니까?
"제사는 제가 지내며 날짜는 9월 9일 지냅니다."

■ 그때 희생자 부모님 그러니까 조부모님도 다 계셨는지요?
"그땐 할아버지 할머님은 다 돌아가시고 안 계셨습니다."

■ 마산 성호동에서 한의원을 하셨는데, 경찰에서 왜 불러 갔는지 뒤에라도 혹 이야기를 못 들었다합니까?

"내가 얘기 들기로는 내서면 고향 마을에서 보도연맹에 가입자는 큰아버지밖에 없었고, 마산 성호동에서 한의원을 개업하기 전에 경남보안대장과 함께 부산 어디를 찾아가 자수를 하고 한의원 개업을 했다고 들었어요."

■ 큰아버지께서 그렇게 당하시고 나서 큰어머니께서는 어떻게 하셨답니까?
"큰어머님께서 남편이 그렇게 당하시자 병이나 고생하시다 자식도 없고 해서 집안 숙모가 소개를 해 의령 어느 마을로 재가를 시켰답니다."

■ 만약 보도연맹으로 불려가셨다면 보도연맹을 어떻게 가입하신지 들었습니까?
"어떻게 가입되었지 들은 이야기가 없어 모릅니다."

■ 백부님께서 일제시대 때 일본 동경에서 공부를 하셨다면 상당한 지식인인데 고국에 돌아오고 나서 바로 한의원을 안 하시고 왜 늦게 개업을 하셨을까요?
"독립운동을 하셨다는 이야기를 들었습니다."

■ 독립운동을요?

"예 일본 동경에서 학교를 마치고 상해 임시정부로 가신다면서 가산을 일부 정리해 서울로 평양으로 신의주를 거쳐 상해 임시정부 김구선생한테로 가셨는데, 그 뒤 어떤 사연인지는 모르지만 다시 대만으로 가셨다 일본으로 가 얼마 후 고국으로 다시 나왔다 들었습니다. 그때 큰어머니는 남편 찾아 간다며 갔지만 갈 때 마다 뒤처지고 못 만나다보니 결국 큰어머니는 한동안 일본에 남고 큰아버지만 고국으로 나왔다 들었습니다."

■ 일본에서 나와서 어떻게 지내셨는지요?
"일본경찰이 큰아버지를 잡으려 노력했지만 워낙 날쌔게 도망을 잘 다녔다고 하고 변장술에 능하다보니 일본경찰이 잡지를 못했다 합니다.

■ 그 뒤 해방되고 나서 어떻게 하셨답니까?
"제가 아버지나 이웃들에게 듣기로는 김구선생의 주장에 동의를 하고 함께 활동을 했는데, 그 뒤 이승만 정부에서 함께 하도록 회유를 하는 것을 뿌리치고 정치에 발을 끊고 한의사 개업을 했다합니다."

■ 큰아버지가 그렇게 당하고 나서 집안에 다른 피해자는

없었습니까?

"중부님 두 분 중 한 분은 어릴 때 돌아가셨지만 한분은 일제시대 때부터 피신을 많이 다녀셨다 들었고, 저의 아버지는 한때 대구 동화사에 숨어 지내기도 했답니다. 그리고 6·25가 나고 중부님은 행방불명되었다 했는데, 뒤에 알고 보니 일본 북해도 삿포로에 계신다는 이야기를 들었습니다. 지금은 서로 소식도 모릅니다."

■ 6.25전쟁 때 창원 내서면 일부에서도 피난을 가셨다죠?
"예 저희들도 삼계본동에서 김해 한림정으로 피난을 갔다 다시 창원 가술로 피난을 갔다오니 마을은 잿더미가 돼있었고, 소 세 마리 중 한 마리는 총에 맞아 죽고 두 마리가 주인 찾아오더랍니다."

■ 큰아버지 때문에 기관에 감시를 받았거나 가족 중에 연좌제로 피해를 당하지 않았습니까?
"제가 고등학교 3학년 때 사관학교에 갔는데, 신원조회에 걸려 안됐고 그 후 공무원은 생각도 못해 결국 일반 회사로 갔습니다. 제 아버지는 큰아버지 이야기를 일체 꺼내지 말라며 숨겨 왔답니다."

■ 혹시 뒤에라도 큰어머니 소식을 들었습니까?

"간혹 소문을 듣기로는 절에 가면 큰아버지를 못잊어 그렇게 기도를 했다는 이야기를 들었습니다. 그래서 그런지 한번은 큰어머님이 몸이 아파 누워있는데, '당신이 왜 이리 누워 있노?' 하면서 꿈에서 침을 놓아 주었는데 그 다음날 아픈 것은 사라지고 그 질로 일어났다고 들었습니다."

■ 만나본적은 없습니까?

"출가를 한 큰어머니께서 한번 찾아와 저를 안고 '너희 큰아버지만 살았어도 너희들이 고생을 않았을 텐데 큰아버지 땜시 집안이 망했다' 면서 펑펑 우시더군요."

■ 집안의 장남인 큰아버지께서 그렇게 당하시고 중부님도 행불이 되셨고 그럼 그 후 집안은 누가 이끌어 갔습니까?

"1921년생인 막내인 저의 아버지(노충호)가 군대 갔다 와서 시중들을 분가 시키고 농사를 지으며 집안을 이끌어 갔답니다."

■ 더 하고 싶은 이야기가 있다면….

"큰아버지가 독립운동할 때 김구선생과 찍은 사진이 많았는데 피난간 후 집이 불타는 바람에 사진 등 전부 소실되어

혹시 국가기록원에 행적조사의뢰를 하니 큰아버지가 이름을
자주 바꾸어 찾지를 못해 포기 했답니다."

■ 지방자치단체나 정부에 더 하고 싶은 이야기가 있으면
해주시지요?
"하루라도 빨리 진실규명이라도 해주면 좋겠어요."

■ 마지막으로 유족회에 전하고 싶은 이야기를 해주시지
요?
"별다른 이야기가 없습니다."

■ 수고하셨습니다.
감사합니다.

이웃집에 불꺼러 가셨다
사라진 아버지

증언자 / 방 경 희

■ 질문자 : 노치수
  대담일 : 2024년 2월 17일

증언자 정보

• 증언자 : 방경희
• 생년월일 : 1938년 12월 28일
• 희생자와 관계 : 장녀
• 주소 : 서울특별시 서대문구 통일로 344

희생자 정보

• 희생자 : 방영도(34세)
• 생년월일 : 1917년 1월 24일
• 당시 주소 : 경남 창원군 대산면 가술리 336
• 당시 직업 : 교사

■ 증언하시는 분의 성명이 어떻게 되시죠?

"희생자의 큰 딸 방경희라 합니다."

■ 어디 성씨며 고향은 어디십니까?

"온양 방씨입니다. 고향은 경남 창원군 대산면 가술입니다."

■ 증언자께서는 형제가 어떻게 됩니까? 몇 번째죠?

"4남매 중 첫째입니다."

■ 1950년 민간인학살 때 누가 학살희생 되셨습니까?

"저의 부친 방영도입니다."

■ 희생자가 언제 몇 살 때 그렇게 당하셨는지요?

"제 아버지가 33세 때고, 제가 초등학교 5학년 12살 때입니다."

■ 그 당시 아버지께서 학력이나 직업이 무엇이었는지 혹 아십니까?

"아버지는 어느 대학인지 모르겠고 대산초등학교 교사였습니다."

■ 끌려가셨거나 불려가셨다면 누가 와서 함께 가셨는지요? 예를 들어 경찰이라던가 군인이라던가요?

"잘 모릅니다."

■ 어머님이나 이웃들 또는 친척들에게 들은 이야기도 없습니까?

"아버지가 잘 생겼고 인정이 많고 자상하였으며 애들에게 글도 잘 가르쳐 주고 했다는 이야기는 들었습니다."

■ 그럼 뭐라고 하면서 불려 가신지도 모르시겠네요?

"그것 역시 모릅니다."

■ 불려간 이후 들었거나 혹 단편적인 거라도 아시는 대로 이야기 해 주십시오.

"아버지가 외동인데 가실 때 보지는 못했고, 뒤에 들은 바로는 어떤 사연인지는 모르지만 5촌 당숙집에 잠시 피신해 있을 때 동네 어느 집에 불이 났는데 그곳에서 불꺼러 가셨다가 돌아오시지 못했다는 이야기를 들었습니다."

■ 아버님이 사라졌는데 집안에서 찾지를 않았다 합니까?

"아무 이야기를 듣지 못했습니다."

■ 아버지가 잡혀가시고 나서 집안에서는 어떻게 대처하셨는지 아시는 대로 이야기 해주시지요?

"대산지서로 끌려가신 것만 이야기 들었습니다."

■ 희생자가 가시고 나서 부모님들은 어떤 조치를 취하셨는가요?

"어머님은 아버지가 무사히 돌아오시리라 매일 대문을 열어놓고 기다리시던 모습이 생생합니다."

■ 당시 마을에서 몇 명이나 함께 끌려가셨다 합니까?

"잘은 모르고 아버지와 동료 교사 두분과 같이 가셨다는 것은 확실히 알고 있습니다."

희생자 방영도

희생자 방영도(맨 왼쪽)

■ 만약 보도연맹으로 불려가셨다면 보도연맹이라는 것을 어떻게 가입하셨는지요?

"들은 적도 없고 또 저희는 어렸으니 보도연맹이 무엇인지도 알 수가 없었지요."

■ 그렇게 불려 가신 뒤로 가정생활에 어떤 변화가 일어났습니까?

"어머님은 불철주야 아버지 돌아오시기만 기다리면서 저희들 돌보시느라 온 정성을 다 쏟으시며 혼자 고생하셨습니다."

■ 아버지가 사라지고 나서 생활은 누가 어떻게 하셨습니까?

"당시 농사가 많았기에 머슴이 농사를 지었고 집안엔 일하는 식모가 있었기에 경제적으론 크게 힘들지 않았습니다."

■ 어떤 분들은 불려 가시고 나서 바로 학살된 분도 계시고 또 어떤 분들은 마산형무소에 수감되셨다 학살당하셨는데, 어떻게 되었는지 아시는 대로 이야기 해주시죠?

"전혀 아는 바가 없었습니다."

■ 끌려가셨거나 불려 가시고 나서 그 뒤 어떤 소식을 들었습니까?

"어떤 소식도 없었고, 아무런 연락도 없었습니다."

■ 죽음을 당하셨다면 어디에서 어떻게 죽음을 당했다는 소문이라도 들었습니까?

"전혀 소문도 못 들었고, 어떤 연락도 받은 적이 없습니다."

■ 억울하게 죽음을 당한 이후로 집안에 변화가 많았지요?

"저희들 철없는 어린 4남매 데리고 어머님 혼자 힘들어 하셨습니다."

■ 그렇게 희생된 이후 배우자와 가족의 삶은 정말 어려웠을 텐데요?

"저희 어머님은 저희들한테 전혀 어려움을 내색 않고 강인한 모습과 열성으로 저희들을 길러주셨습니다. 이제와 생각하면 홀로 얼마나 외롭고 힘드셨을까 생각이 듭니다. 돌아가신 후 잘 해드리지 못한 회한만 남아 후회하고 있습니다."

■ 시신도 못 찾았다면 무덤도 없겠습니다.

"그렇습니다."

■ 혹 제사는 누가 언제부터 지냈습니까?
"그날 이후 저의 남동생 방철용 집에서 6월 25일 날 제사를 드리고 있습니다."

■ 연좌제 또는 당국의 감시나, 빨갱이 가족이라는 낙인 등으로 불이익이나 어려움을 겪은 사례를 말씀해 주시죠?
"특별히 불이익이나 어려움을 겪은 것은 생각나지 않습니다."

■ 4 · 19혁명으로 이승만 정부가 무너지고 난후 1960년도 진실규명을 위해 각 지역에 유족회가 결성돼 활동한다는 소문을 들었습니까?
"그 당시 1960년도 진실규명 김해 · 창원지구 유족회가 결성되어 학살당한 유골들을 찾아내어 한 자리에 합장을 하는 장례식을 했습니다. 그때 유족들이 모두 흰 상복을 입고 진영에서 합동장례식을 할 때 그 제단에 엎드려 제가 '초혼'(김소월의 詩)을 통곡하며 아버지와 함께한 영령님들께 바쳤습니다. 제가 사범대를 졸업하고 아버지가 다니던 대산초등학교로 지원해 부임한 1~2년 후입니다."

1960년 진영 장례식 행사   진영 장례식 때 조사를 읽는 증언자

■ 1960년도 부모님이나 집안에 누가 유족회 활동에 참여하며 어떤 노력을 하셨는지요?

"제 기억으론 아버지가 다니던 그 학교에 3명이 끌려가셨는데 그 미망인 3명이 형제처럼 지내다 진영 설창인가 어디서 유해를 발굴하는 곳에서 턱뼈, 이빨이 나오는데 '너의 아버지 같았다'는 이야기는 들었으며 합동장례식을 하는데 흰옷을 입고 온 가족이 참여한 기억은 납니다. 그 당시 아마 어머님들이 참여를 하셨겠지요."

■ 희생된 분께 하고 싶은 말씀이라도 있으시면 해 주십시오?

"희생된 분들의 온전한 명예회복이 조속이 이루어지길 바랍니다."

■ 정부나 지자체에 하고 싶은 말씀 있으시다면 한 말씀 부탁할게요.

"빠른 시일 내 희생된 분들의 완전한 명예회복을 시켜줄 것을 바랄뿐입니다."

■ 유족회에 하시고 싶은 말씀이 있다면….

"수고해 주시는 것에 대해 항상 감사한 마음을 가지고 있습니다."

■ 감사합니다.

늘 건강하시고 행복하시기 바랍니다.

동네 어귀에
놀러나간 아버지가…

증언자 / 이 두 희

■ 질문자 : 노치수
　대담일 : 2024년 2월 29일

증언자 정보

- 증언자 : 이두희
- 생년월일 : 1949. 9월 25일
- 희생자와 관계 : 외동딸
- 주소 : 부산 북구 덕천동

희생자 정보

- 희생자 : 이병순(29세)
- 생년월일 : 1922년 6월 6일
- 성별 : 남
- 당시 주소 : 경남 창원군 진전면 곡안리
- 당시 직업 : 농업

■ 증언하시는 분의 성명이 어떻게 되시죠?

"희생자 이병순의 딸 이두희 입니다."

■ 어디 성씨며 고향은 어디십니까?

"성주 이씨고 고향은 마산합포구 진전면 곡안리 입니다."

■ 증언자께서는 형제가 어떻게 됩니까?

"형제는 없고 외동딸입니다."

■ 1950년 민간인학살 때 누가 학살희생 되셨습니까?

"저의 아버지 이병순이며 제가 두 살 때 희생당하였습니다."

■ 희생자가 언제 몇 살 때 그렇게 당하셨는지요?

"6·25사변 나고 얼마 후 저의 아버지가 29살 때 학살 희생당했습니다."

■ 어떻게 해서 그렇게 희생되었는지 들은 대로 이야기 해주시지요?

"6월 어느 오후, 들에 나가셨다 온 아버지를 한마을에 사는 어떤 분이 '마을 어귀에 청년들이 놀고 있으니 우리도 같이 가보자!"해 나가면서 할머니보고 '놀다오겠다' 하고 나갔다 합니다.

■ 그래서 그 길로 나가셨다가 어떻게 되었다 합니까?

"마을 청년들과 놀고 있는데, 경찰 3명이 와 청년 몇을 오서지서까지 가자고 해 청년들은 '우리가 무슨 죄가 있다고 지서로 가자' 하냐며 반발하며 안 가려 했는데, '잠깐이면 되니까 같이 가자'고 해 그 중에 누가 '우리가 죄가 없으니 갔다 오자' 며 따라 갔다 합니다."

■ 그 길로 청년들이 경찰과 함께 갔다 이거죠?

"예, 건너 마을 오서지서로 가려면 개천을 지나고 논두렁 길로 가야하는데, 경찰 두 명은 앞장서고 청년들이 줄을 서서 따라갔으며 맨 뒤에 경찰 한 명이 함께 가더랍니다."

■ 지서로 불려간 청년들의 집안에서는 어떻게 했답니까?

"동네에서 소문이 나 난리가 났다 합니다. 그래서 무슨 일인가 싶어 부모들이 지서로 찾아가니 지서 옆에 허름한 창고가 있었는데, 그곳에 사람들이 많이 갇혀 있었고 보초를 선 경찰에게 물어보니 '조사만하고 내일까지 집으로 보내줄 것이다' 해 돌아왔다 합니다."

■ 다음날 일단 돌아오시긴 왔다합니까?

"다음날 돌아오지 않아 여러 사람이 함께 또 찾아갔는데 창고에 사람들이 없어 물어보니 '마산형무소로 보냈다'고 했답니다."

■ 마산형무소로요? 이유는 뭐라 했던가요?

"예, 이유는 모르고 마산형무소로 보냈다 했답니다."

■ 혹 아버지께서 보도연맹에 가입하셨다 합니까?

"집에서는 잘 모르고 계셨습니다."

■ 그 동네에서는 몇 명이 그렇게 갔다는 이야기는 들었습니까?

"할머니께 듣기로는 12명인가 14명인가, 불려갔다 합니다."

■ 그 뒤로 마산형무소에 찾아 갔다 하던가요?

"찾아 갔다 면회를 한 번도 못하다 음력 7월 15일 또 찾아가니 마산형무소에 있었던 사람들이 아무도 없고 지난밤에 사람들을 트럭에 싣고 어디로 갔는지 모르고 형무소는 텅텅 비워져 있었다 합니다."

■ 부모님들이 얼마나 애가 타게 찾았겠습니까?

"할아버지와 할머니는 저놈들이 많은 사람들을 어느 탄광에 넣었는지 아니면 바다에 빠뜨려 죽였는지 이야기를 하면서 아들이 살았는지 죽었는지 점치려 다니니 점쟁이는 '아들이 살아 돌아올 것이다' 하더랍니다."

■ 그 뒤론 아무 소식도 못 들었다 합니까?

"아무 소식도 못 들었고 어떻게 되었는지 모르고 지냈습니다."

■ 집안에서는 아들이 그렇게 불려 가시고 나서 부모님들이 엄청 힘들었겠습니다.

"가정이 풍비박산 되고 엉망이 되었지요."

■ 전쟁이 났으니 그 마을에도 피난을 간 것으로 아는데, 어디로 갔답니까?

"군인들이 잠시 지나가니 피해라 해서 할아버지는 작은 아들마저 잃을까 봐 작은 아들과 먼저 산으로 피신하고 고모는 옷 보따리를 챙겨 이고 어머니는 저를 업고 마을 뒤편에 있는 이씨 제실로 피란을 갔다 오니 집은 불타버리고 곧 새끼를 낳을 큰 어미돼지가 어디로 갔는지 흔적도 없어졌다 합니다."

■ 그 당시 아버지의 직업이 무엇이며 혹 학력은 어떻게 되십니까?

"아버지의 학력은 모르겠는데, 일본에서 중학교 교복을 입고 찍은 사진을 보았습니다. 제가 듣기로는 일본에서 주간에는 돼지 농장에 일하려 다니시고 야간 중학교를 다니신 것으로 압니다. 어머니와 결혼하는 날 일본에서 배타고 나와 오후에 결혼을 하고 바로 돈을 벌기 위해 일본으로 다시 들어가려 했는데 할머니가 '마누라를 두고 어디로 갈 것이냐'며 극구 말렸다면서 아버지가 불려나가신 후로 할머니가 엄청 후회했다는 이야기를 들었습니다."

■ 아버지가 가시고 나서 농사나 가정은 어떻게 꾸려나가셨다 합니까?

"아버지가 가신 후로는 할아버지와 삼촌이 농사를 지었고 농사도 많지 않다보니 삼촌이 군대 갔다 온 이후 남의 일도 많이 했다고 합니다. 사실 아들이 그렇게 되고는 아들 때문에 할아버지는 병을 얻어 일도 제대로 못하다 6년 만에 돌아 가셨습니다."

■ 홀로된 어머니가 더 외롭고 괴로웠을 텐데요?

"아버지가 그렇게 되자 살림도 없는데다 어린 딸을 업고

친정을 오락가락하다 외할머니 소개로 다른 남자께 가게 되자 저는 할머니 손에서 자랐습니다."

■ 몇 살 때까지 할머니와 같이 살았습니까?

"초등학교 졸업할 때까지 할머니와 지내다 초등학교 졸업을 하자 서울에서 식당을 하는 막네 고모님이 6명이나 되는 애들도 돌봐줄 겸 와 있으라 해 갔다가 2년 정도 일하다 고향으로 내려왔습니다. 그 후로 부산의 태화고무공장에 다니다 편물기술을 배웠는데, 그것도 쓸모가 없어 다시 양잠기술을 배웠지만 오래 못하고 28살에 시집을 갔습니다."

■ 지금까지 아버지 제사는 누가 지냅니까?

"삼촌이 지내다 삼촌이 돌아가시고 나서 할아버지와 할머니 제사까지 함께 사촌 동생이 지냅니다."

■ 연좌제 또는 당국의 감시나, 빨갱이 가족이라는 낙인 등으로 불이익이나 어려움을 겪은 사례를 말씀해 주시죠?

"그런 것을 모르고 살았습니다."

■ 지난 1월 17일 창원지방법원 마산지원에서 아버지께서 74년 만에 무죄선고를 받았는데, 그 때 기분이 어땠어요?

"일단은 좋았고 묘한 기분이 들며 눈물만 나왔습니다. 그후 19일 검찰청에서 미안하다며 안내장이 왔는데, 그것을 읽어보고 처자식을 두고 떠난 아버지의 심정을 생각하니 하염없이 눈물만 흘렀습니다."

■ 저승에 계신 아버지께 한 마디 하신다면….
"이승에서 못 이룬 인생, 저승에서라도 행복했으면 좋겠습니다."

■ 정부에 혹 하시고 싶은 이야기가 있다면….
"가족들이 찾아갔는데 면회도 안 시켜주고 아무런 설명도 없이 그러면 되겠습니까?"

■ 유족회에 한말씀 해 주시지요?
"유족회에서 세운 위령탑을 보고 많은 위안을 얻습니다. 유족회에 고마울 따름입니다."

■ 감사합니다.
늘 건강하시고 행복하시기 바랍니다.

저녁식사 중 정체불명의
사람들에 불려나간 후 사라짐

증언자 / **지 점 자** 증언자 / **지 홍 성**

증언자 정보

- 증언자 : 지점자
- 생년월일 : 1950. 8월
- 희생자와 관계 : 희생자의 딸
- 주소 : 경남 창원시 마산회원구 내서읍 삼계리

- 증언자 : 지홍성
- 생년월일 : 1935. 8월
- 희생자와 관계 : 희생자의 동생
- 주소 : 경남 창원시 마산회원구 내서읍 감천리

희생자 정보

- 희생자 : 지홍수(池鴻守)
- 생년월일 : 1921년 11월
- 당시 주소 : 경남 창원군 내서면 감천리
- 당시 직업 : 농업

■ 증언하시는 분들의 성명이 어떻게 되시죠?

지홍성 : "희생자의 동생 지홍성이라 합니다."

지점자 : "희생자의 딸 지점자입니다."

■ 어디 성씨며 고향은 어디십니까?

지홍성 : "충주 지씨고요, 고향은 창원시 내서읍 감천리입니다."

■ 증언자께서는 형제가 어떻게 됩니까? 몇 번째죠?

지홍성 : "저는 2남2녀의 셋째입니다."

지점자 : "1남 1녀의 막내입니다. 저는 부친이 이미 행방불명되고 나서 피난 중에 태어났습니다."

■ 1950년 민간인학살 때 누가 학살희생 되셨습니까?

지홍성 : "희생자는 저의 형님이며, 조카인 지점자의 부친입니다."

■ 희생자가 언제 몇 살 때 그렇게 당하셨는지요?

지홍성 : "6.25 한국전쟁이 발발하고 얼마 되지 않아 7월 중순경에 행방불명 되셨습니다. 당시 희생자는 30세였습니다."

■ 그 당시 희생자의 학력이나 직업이 무엇이었는지 아십니까?

지홍성 : "당시 희생된 형님의 학력은 잘 모르겠고 해방 이후 결혼하여 부산에 있는 철도청에 몇 달 다녔다가 다시 고향 감천으로 돌아와서 살고 있었습니다."

■ 끌려가셨거나 불려가셨다면 누가 와서 함께 가셨는지요?

지홍성 : "정확히 몇 명이 와서 데리고 갔는지, 그들의 신분이 무엇인지는 잘 모릅니다."

■ 뭐라 하면서 불려갔습니까? 이유가 무엇이라 하던가요?

지홍성 : "불려가는 이유를 듣거나 알지 못했습니다."

■ 불려갈 때 이야기를 들었거나 보았다면 아시는 대로 이야기 해 주십시오.

지홍성 : "당시 어둠이 질 무렵 식구들이 모여 저녁 식사를 하고 있는데 앞에 살던 송규섭이(당시 마산중 2학년) 대문 앞에서 "형님, 계십니까! 밖에 누가 찾아왔습니다." 하고 불러서 형님께서는 식사 중에 나가셨고, 부모님께서는 식사 중에 사람이 나갔으니 저보고 나가보라고 하셔서 대문 밖으

로 나가보려는데 한사람이 '애들은 오지마라'하고 소리를 쳐서 나가지 못하다가 대문 밖으로 나가보니 전부 보이지 않고 인적도 없어졌습니다. 이후로 형님과 형님을 불러냈던 송규섭 모두 실종 되었습니다."

■ 그때 부모님도 계셨지요?
지홍성 : "네. 부모님을 비롯한 가족들이 저녁식사를 하던 중이었습니다."

■ 부모님들은 뭐라 하셨는지요?
지홍성 : "부친은 저보고 나가보라고 하셨는데 형님을 데리고 가던 사람들이 '따라오지 마라!'고 소리를 쳐서 제가 더 이상 따라가지 못한 것이 지금도 한이 되어 있습니다. 당시 형님은 30세였고 저는 15세 소년으로 형님과는 나이 차이가 나서 어른들 일에는 제가 크게 관심을 둘 처지가 아니었습니다."

■ 그때 집안에서는 어떻게 대처하셨는지 아시는 대로 이야기 해 주시죠.
지홍성 : "형님이 갑자기 불려 나간 뒤로 행방불명이 되니까 집안에서는 어떻게든 형님을 찾기 위해서 백방으로 수소

문하였습니다. 마침 당시 함께 실종된 송규섭의 친척 송희경 씨가 육군 대위 계급으로 내려와 있어서 송희경 씨에게 부탁하기도 하여 수소문하였습니다. 어른들이 마산형무소에도 찾아갔으나 찾을 수 없었습니다."

■ 희생자가 가시고 나서 부모님들은 어떤 조치를 취하셨는가요?
지홍성 : "당연히 형님을 찾기 위해 백방으로 수소문 하였으나 찾을 수 없었습니다.
이후 소개령으로 마을에서 강제로 피난을 가게 되어 사람을 찾아다닐 수도 없는 지경이 되었습니다."

■ 당시 마을에서 몇 명이나 함께 끌려가셨다 합니까?
지홍성 : "당시 형님과 함께 형님을 불러냈던 송규섭이 행방불명 되었습니다."

■ 만약 보도연맹으로 불려가셨다면 보도연맹이라는 것을 어떻게 가입하신지요?
지홍성 : "그런 내용은 전혀 모릅니다."

■ 그렇게 불려 가신 뒤로 가정생활에 어떤 변화가 일어났

습니까?

　지홍성 : "당시 부친은 건강이 좋지 않았던 상황에서 생계를 책임지는 장남이 행방불명되니 먹고 살기가 너무 힘들었습니다. 강제로 피난을 다녀와 보니 마을 전체가 소개작전으로 전부 불타고 지낼 곳이 없어 겨우 움막을 만들어서 생활하였습니다."

　■ 어떤 분들은 불려 가시고 나서 바로 학살된 분도 계시고 또 어떤 분들은 마산형무소에 수감되셨다 학살당하셨는데, 어떻게 되었는지 아시는 대로 이야기 해 주시죠?

　지점자 : "어디로 어떻게 끌려가서 돌아가셨는지 생사 확인조차 할 수 없어서 내용을 전혀 모릅니다."

　■ 불려 가시고 나서 그 뒤 어떤 소문도 못 들었습니까?

　지홍성 : "당시에는 어떤 소식도 듣지 못했고, 동네에서는 당시 해군방첩대 CIC에서 잡아갔다는 소문이 있었습니다."

　■ 죽음을 당하셨다면 어디에서 어떻게 죽음을 당했다는 소문이라도 혹 들었습니까?

　지홍성 : "지금 학살지로 지목된 괭이바다가 있는 구산면 마전이라는 마을에 먼 친척 어른이 살고 있었습니다. 저의

형님께서도 생전 그곳에 가서 일을 한 적이 있어서 그 어르신은 형님의 얼굴을 잘 알고 있습니다. 그 친척 어르신은 생선 대구 말린 것을 지고 와서 우리 집에 며칠씩 묵으면서 마을에서 대구를 쌀로 바꿔 가시곤 하셨습니다. 형님 실종 이후로 언젠가 대구를 지고 오셨다가 방에서 아버지와 대화 중에 바다에 배를 타고 나가다 시신이 떠다니는 것을 목격한 말씀을 하셨습니다. 당시에는 배를 몰고 나갔다가 여러 사람이 한데 묶여 바다에 떠다니는 시신을 보면 너무 무서워 그냥 배를 돌려 집에 들어왔다고 하셨는데 시신 중에 홍수 형님으로 보이는 시신도 본 듯하다고 했습니다. 이 말씀을 들으신 아버지께서는 아들이 죽은 것이 틀림없다고 여겨 아들 찾는 일을 체념하시고 집안에는 입단속을 하셨습니다."

■ 죽음을 당했다는 소문을 들었다면 시신이라도 찾았습니까?

지홍성 : "생사를 확인하지도 못했으니 시신인들 찾았을 리가 없지요."

■ 억울하게 죽음을 당한 이후로 집안에 변화가 많았지요?

지홍성 : "당장 집안에 자식이 둘이나 있는 장남이 행방불명이 되니 생계도 어려워지고 고초가 심했습니다."

■ 그렇게 희생된 이후 배우자와 가족의 삶은 정말 어려웠을 텐데요?

지점자 : "아버지가 행방불명 될 때 오빠는 네 살 저는 피난 중에 태어나 유복자로 자랐습니다. 제 어머니는 혼인 몇 해 만에 평생을 과부로 살아야 했습니다."

■ 만약 시신도 못 찾았다면 무덤도 없겠습니다.

지점자 : "당연히 무덤도 없고 어머니께서 2000년도에 돌아가신 뒤로 부모님 묘를 합봉 형식으로 해서 하나의 봉분으로 만들어서 지금은 조카(오빠의 아들)가 관리를 하고 있습니다.

■ 혹 제사는 누가 언제부터 지냈습니까?

지홍성 : "생사확인을 못해서 제사는 제대로 지내지도 못하였고, 주변에서 일단 사망신고를 하여 호적을 정리하는 편이 나을 거라고 해서 내가 몇 년 뒤에 사망신고를 하였습니다. 사망신고를 할 때 다른 이유를 첨부하면 사망신고가 잘 처리되진 않을 듯하여 병사로 신고를 하였고 신고하는 당일을 사망일로 하였습니다. 이후 진실화해위원회의 결정에 따라 호적의 사망일은 1950년으로 정정되었습니다."

■ 연좌제 또는 당국의 감시나, 빨갱이 가족이라는 낙인 등으로 불이익이나 어려움을 겪은 사례를 말씀해 주시죠?

지홍성 : "군대에서 사병으로 복무하면서 무척 친한 동기와 함께 간부로 지원하기로 하였지만 저는 당시 형님의 일 때문에 신원조회로 화가 미칠 것이 두려워 간부지원을 포기하였습니다. 간부에 지원하였던 동기는 후일 대령까지 진급하여 군생활을 마쳤습니다."

지점자 : "오빠가 마산공고를 졸업하였습니다. 당시에는 마산공고를 졸업할 무렵이면 거의 취업이 되었는데 오빠는 무슨 이유에서인지 취업이 잘 안된다고 했습니다."

■ 4 · 19혁명으로 이승만 정부가 무너지고 난후 1960년도 진실규명을 위해 각 지역에 유족회가 결성돼 활동한다는 소문을 들었습니까?

지홍성 : "소문은 들었지만 당시 시대가 함부로 말을 할수 없고 어떤 화가 미칠지 모르는 시대라서 섣불리 가입하지도 못했고 가족끼리도 말 못하고 숨기면서 살아야 했습니다."

■ 혹시 부모님이나 집안에 누가 유족회 활동에 참여하며 어떤 노력을 하셨는지요?

지점자 : "제가 유족회 활동을 하면서 소송에도 참여하고 유족회 행사에 최대한 참여하고 있습니다. 또한 제 사촌동생 (지홍성님의 큰아들)이 늦게나마 유족회 행사에 참여하고 있습니다.

■ 희생된 분께 하고 싶은 말씀 있으시면 해 주십시오?

지점자 : "평생 억울하게 살아온 유가족의 한이야 깨끗이 풀길이 없지만 진실이라도 속시원히 밝혀지기를 바랍니다."

■ 정부나 지자체에 하고 싶은 말씀 있으시다면 한 말씀 부탁할게요.

지점자 : "국가에 의해 비극적인 일을 당하고, 국가가 조직적으로 은폐하여 그 진실조차 제대로 속 시원히 밝혀지지 않고 있습니다. 모든 진실은 국가가 숨기고 움켜쥔 채 유가족들이 벌이는 모든 소송에서 국가는 증거불충분이라는 이유와 공소시효라는 가위로 피해자들의 명예회복과 배상을 요구하는 길마저 잘라버리고 있습니다. 증거는 피해자를 잡아가고 집행한 뒤 아무 통보도 하지 않은 국가가 제시해야 할 몫이지 어찌하여 영문도 모르고 가족을 잃은 유족들이 증거를 제시해야 합니까?

평생을 벙어리처럼 숨죽이며 살 수밖에 없었던 피해자 유

가족에게 다 밝혀지지도 않은 일부 진실을 기준으로 공소시
효를 적용시키는 것은 또 무슨 굴레입니까?

  새로운 진실이 나오면 얼마든지 명예회복을 요구할 수 있
어야 하지 않겠습니까?"

  ■ 유족회에 하시고 싶은 말씀이 있다면….
  지점자 : "유족회에는 늘 감사한 마음이고 유족회 일에 적
극 참여하셔서 수고하시는 회장님 이하 여러분에게 늘 고맙
습니다."

  ■ 감사합니다.
  늘 건강하시고 행복하시기 바랍니다.

"잠깐 갔다 오겠다"며
따라나선 후 사라진 아버지

증언자 / 최 한 홍

■ 질문자 : 노치수
대담일 : 2024년 2월 16일

증언자 정보

• 증언자 : 최한홍
• 생년월일 : 1949년 8월 23일
• 희생자와 관계 : 희생자의 아들
• 주소 : 경남 창원시 마산합포구 진전면 봉곡
• 직업 · 경력: 전 학교행정직 공무원

희생자 정보

• 희생자 : 최쌍준(42세)
• 생년월일 : 1909년 12월 1일
• 성별 : 남
• 당시 주소 : 경남 창원군 진전면
• 당시 직업 : 농업

■ 증언하시는 분의 성명이 어떻게 되시죠?

"희생자 최쌍준의 아들 한홍이라 합니다."

■ 어디 성씨며 고향은 어디십니까?

"경주 최씨며 고향은 마산합포구 진전면 봉곡입니다."

■ 증언자께서는 형제가 어떻게 됩니까?

"형제는 없고 외동아들입니다."

■ 1950년 민간인학살 때 누가 학살희생 되셨습니까?

"제 아버지 최쌍준님이 학살희생 당했습니다."

■ 희생자가 언제 몇 살 때 그렇게 당하셨는지요?

"제가 2살 때 1950년 8월~9월 달에 아버지가 42살 때 학살희생 당한 것으로 알고 있습니다."

■ 그 당시 학력이나 직업이 무엇이었는지 혹 아십니까?

"아버지께선 무학이시고 42살 때 당하셨다고 합니다."

■ 끌려가셨거나 불려가셨다면 누가 와서 함께 가셨는지요? 예를 들어 경찰이라던가 군인이라던가?

"면사무소 직원이 와서 가자고 해 따라 가셨다는 말씀만 들었습니다."

■ 뭐라 하면서 불려갔습니까? 이유가 무엇이라 하던가요?
"아무런 이야기가 없이 그냥 불러내어 따라가셨다는 말씀만 들었습니다."

■ 불려갈 때 이야기를 들었거나 보았다면 아시는 대로 이야기 해 주십시오.
"들은 이야기로는 새끼꼬는 일을 하고 계셨는데 면사무소 직원이라는 사람이 와 '잠깐 갔다 오겠다'는 말씀만 남기고 가신 것이 마지막이 되셨다는 이야기를 들었습니다."

■ 그때 부모(할아버지 할머니)님도 계셨는지요?
"안 계셨습니다.

■ 부모님들은 뭐라 말씀하시던가요?
"다 돌아가신 후입니다."

■ 그때 집안에서는 어떻게 대처하셨는지 아시는 대로 이야기 해 주시죠.

"그냥 오시길 기다렸고 속수무책이었습니다. 어머님을 비롯한 백부님, 중부님, 동생들도 속수무책이었고 영원히 돌아오지 않았습니다.

■ 당시 마을에서 몇 명이나 함께 끌려가셨다 합니까?
"우리 마을에서 2~3명 정도로 알고 있습니다."

■ 만약 보도연맹으로 불려가셨다면 보도연맹이라는 것을 어떻게 가입하셨는지요?
"시골에서 농사와 함께 새끼 꼬아서 겨우 살아가는 형편에 보도연맹이 무엇인지도 몰랐을 것이라 생각이 들고 어머님도 형제들도 무슨 영문인지 몰라 했답니다. 단지 곧 오실 거라 생각했답니다."

■ 그렇게 불려 가신 뒤로 가정생활에 어떤 변화가 일어났습니까?
"말로 표현할 수 없는 힘든 삶이었지요. 아버지 형제분들이 계셨지만 다들 녹녹치 못한 형편이었고 어머님 혼자서 2살짜리 아들하고 험한 세상을 살기 위해 안 해본 일이 없었으며 너무 힘들고 외로워서 눈물로 세월을 보냈다는 이야기를 들었을 때 자식의 심정 또한 찢어지는 마음이었습니다.

어려운 환경에서 어머님과 함께 살아가기 위해 가게 점원생활을 전전하며 학업을 할 수밖에 없었고 항상 어머님께 잘해야겠다는 일념으로 살았습니다."

■ 어떤 분들은 불려 가시고 나서 바로 학살된 분도 계시고 또 어떤 분들은 마산형무소에 수감되셨다 학살당하셨는데, 어떻게 되었는지 아시는 대로 이야기 해 주시죠?
"꼭 살아오실 것이라 생각했는데, 한참 뒤에 들은 이야기는 마산형무소에 계시다 날짜는 모르지만 형무소에서 여러 사람들을 트럭에 태워 나갔다는 말을 들었는데 그날이 바로 형장으로 함께 끌려 나갔다는 이야기를 들었습니다."

■ 죽음을 당하셨다면 어디에서 어떻게 죽음을 당했다는 소문이라도 들었습니까?
"그 당시 나도는 이야기로는 마산앞바다(괭이바다)에서 총살당하고 수장당했을 것이라는 소문을 들었습니다."

■ 죽음을 당했다는 소문을 들었다면 시신이라도 찾았습니까?
"살아 돌아오실 거라 믿고 있었고 또 시간이 너무 지난 일이라 안타깝게도 어떻게 해 볼 수 없는 처지였습니다."

■ 그렇게 희생된 이후 배우자와 가족의 삶은 정말 어려웠을 텐데요?

"경제적 어려움은 말할 것도 없었고 편모슬하에 자식이라 주위 사람들의 편견도 심했고 또 보도연맹이라는 말도 좋은 말이 아니기에 살아가는데 제약도 많았습니다. "

■ 만약 시신도 못 찾았다면 무덤도 없겠습니다. 어디에서 죽음을 당하셨다고 짐작합니까?

"소문으로 마산 앞바다로 알고 있었는데 유족회에서 마산 앞바다가 괭이바다라고 해 그렇게 알고 있습니다. 어머님이 돌아가실 때 위폐를 같이 합봉하여 안장하였습니다. 60년이 지난 후 산소를 모셨습니다."

■ 혹 제사는 누가 언제부터 지내고 계십니까?

"고향을 떠나 진해에서 남의 집 셋방살이 때는 제사도 생각 못하고 있을 때 큰아버지집에서 음력 9월 9일 지내다 제가 결혼을 하고 부터 집에서 음력 9월 9일에 모시고 있습니다."

■ 연좌제 또는 당국의 감시나, 빨갱이 가족이라는 낙인 등으로 불이익이나 어려움을 겪은 사례를 말씀해 주시죠?

"저는 물론이고 가까운 친척까지도 연좌제에 불이익이 있었던 것으로 알고 있고 전 아예 공무원 시험은 생각 못했습니다. 대기업에 응시했을 때도 연좌제로 불이익을 받았는데 정말 가슴 아픈 일이었습니다."

■ 4·19혁명으로 이승만 정부가 무너지고 난후 1960년도 진실규명을 위해 각 지역에 유족회가 결성돼 활동한다는 소문을 들었습니까?
"사는데 급급하다보니 그런데까지 생각하고 돌아볼 여유가 없었습니다."

■ 혹시 부모님이나 집안에 누가 유족회 활동에 참여하며 어떤 노력을 하셨는지요?
"늦게나마 창원유족회가 있다는 것을 알고는 제가 참여하고 있습니다."

■ 지난 1월 17일 창원지방법원 마산지원에서 74년 만에 아버지의 형사재심재판을 받으셨죠?
"예, 2021년에 유족회의 도움으로 형사재심재판을 신청해 검찰의 항고 재항고로 대법원까지 갔다 2024년 1월 17일 마산지원에서 74년 만에 무죄를 선고 받았는데, 정말 감회가 새로웠습니다. 억울하게 돌아가신 아버지께서 편안하게 천도하시길 빌 뿐입니다."

■ 정부나 지자체에 하고 싶은 말씀 있으시다면 한 말씀 부탁할게요.

"아무리 전시상황이라 하여도 사람의 목숨을 결정하는 일에 가족들에게 한마디 변명할 기회도 주지 않고 또 하다못해 어떻게 어떤 일로 사형이라는 죄명으로 처형하게 되었으며 시신 수습 기회도 주지 않았다는 것과 이게 국가인가 하는 생각에 도달하면 피가 거꾸로 솟는 느낌을 받지 않을 수 없습니다. 지금이라도 이 사건에 대한 진실을 정확하게 규명하여 희생자에게 또는 유족에게 명예를 회복시켜주는 일에 국가가 좀 더 적극적으로 나서주기를 바랍니다."

■ 유족회에 하시고 싶은 말씀이 있다면 해 주십시요.

"창원유족회 노치수 회장님을 비롯한 관계자 여러분께 정말 감사하다는 말씀 드리면서 저와 같은 학살희생자 가족이 많은 것으로 알고 있는데, 명예회복을 할 수 있도록 더 큰 노력을 부탁드리고 싶고 저 역시 유족회 활동에 조금이라도 도움 되는 일이 있다면 열심히 함께 하겠습니다. 감사합니다."

■ 감사합니다.

가정에 행복이 깃드시길 바랍니다.

90년대 이후
경남의 민간인학살
진상규명운동, 이렇게
시작되었다

90년대 이후 경남의 민간인학살
진상규명운동, 이렇게 시작되었다

김주완 작가

> *이 글은 2018년 4월 30일 마산 올림픽기념관에서 열리는 경
> 남지역 민간인학살 희생자 추모제를 앞두고 노치수 경남유족회
> 장의 요청에 따라 쓴 글이다. 김주완의 개인적 기억과 과거 자
> 료와 확인된 기록으로 재구성, 정리했다.

1999년 5월 6000여 시민주주의 힘으로 경남도민일보가 창
간되었다. 1990년부터 기자라는 직업으로 살아온 나는 정말
이런 신문사에서 일해보고 싶었다. 자본과 권력 눈치 보지
않고 취재하고 싶은 모든 걸 할 수 있는 신문. 모든 기자에
게 꿈같은 일 아닌가.

우리보다 10년 먼저 창간했던 제민일보 4.3특별취재반의

'4 · 3은 말한다'와 같은 기획취재를 해보고 싶었다. 경남의 근현대사에도 제주 4 · 3처럼 은폐된 역사가 적지 않았기 때문이다.

하지만 당시 우리의 인력과 역량으로 팀을 꾸리기는 무리였다. 혼자라도 해보겠다며 기획안을 냈다. 그게 1999년부터 2001년까지 100회에 걸쳐 경남도민일보에 연재된 '지역사 다시 읽기'라는 시리즈였다.

기사를 연재하던 중 당시 63세였던 팽상림 씨로부터 장문의 편지 한 통을 받았다. 1950년 한국전쟁 초기 마산상업학교에 재학 중이던 오빠(팽현진)가 보도연맹에 가입돼 학살당했으니 원통함을 풀어달라는 내용이었다. 편지의 마지막 부분은 이렇다.

"한국의 현대사는 보도연맹사건을 은폐하고 있다. 〈분단을 넘어서〉, 〈1950년대의 인식〉. 〈해방전후사의 인식〉 1 · 2편을 다 읽어봐도 없다. 중앙일보사에서 펴낸 〈민족의 증언〉 여덟 권을 샅샅이 읽어봐도 없다. 밤을 새워 읽느라 눈만 상했다. 누구의 처벌이나 보상금도 원하지 않는다. 지금도 살아있다는 오제도 씨와 당시 내무 · 국방 · 법무부 등 관계자와 사회지도자들의 동의를 얻어 결성되었던 보도연맹의 진상을 밝히고, 그들로부터 사죄 한 마디만 들어도 한이 풀릴 것만 같다. 이대로 잊혀서는 안 된다. 칠순 밑자리를 깐 우리 세대마저 가고 나면 증언할 사람도 없다. 역사는 거짓되거나 은폐되어서는 안 된다."(팽상림, 1999년 9월)

팽 씨의 편지를 지면에 소개하는 것을 시작으로 경남도민일보에 보도연맹원 학살에 대한 연속보도가 나가기 시작했다. 나는 주로 중부경남 쪽을 취재했고, 통영·거제는 전갑생 씨, 진주는 김경현 씨의 도움을 받았다.

학살당한 오빠의 원한을 풀어달라고 호소하던 팽상림 할머니.

와중에 AP통신의 노근리 학살 보도가 나왔다. 미군의 피란민 학살사건이 국제적 조명을 받게 된 것이다. 나도 보도연맹원 학살 취재 과정에서 알게 된 마산 진전면 곡안리 성주 이(李) 씨 재실에서 발생한 곡안리 학살사건을 서둘러 보도했다. 이후 전국 곳곳에서 미군의 학살 사례가 터져 나왔다.

2002년 곡안리사건을 취재중인 BBC 다큐멘터리 제작팀을 김주완 기자가 인터뷰하고 있다.

보도 이후 민간인학살 진상규명을 가장 먼저 시대적 과제로 설정하고 대응에 나선 경남의 시민단체는 김영만 선생이 대표로 있던 '열린사회 희망연대'였다. 함안과 창녕에서도 미군에 의한 학살 사례가 드러나자 '참여와 연대를 위한 함안시민모임'과 조현기 씨 등이 진상규명에 나섰다.

민간인학살을 주제로 경남에서 열린 최초의 토론회는

1999년 12월 8일 마산 카톨릭여성회관에서 '경남 정신대 문
제 대책을 위한 시민연대모임' 주최로 열렸다. 당시 이 단체
의 대표는 김현주, 사무국장은 김주완이었다.

민간인학살문제와 일본군 위안부 문제를 주제로 열린 경남정대연 토론회.

일본군 '위안부' 문제와 민간인학살 문제는 '전쟁범죄'라
는 공통점이 있었다. '20세기 전쟁범죄의 실상과 시민사회의
과제'라는 주제로 열린 토론회에서 김주완은 '한국전쟁 전
후 경남지역 양민학살의 진상'이라는 발제를 했고, 열린사회
희망연대 김성진 집행위원장이 '전쟁범죄 청산을 위한 시민
운동의 역할', 정동화 창원시의원(유족)이 '양민학살 진상규
명을 위한 정부와 지자체의 역할'이라는 주제로 토론했다.

2000년에는 전국 단위의 진상규명 운동단체 설립이 추진되었다. 2월 말 제주에서 열린 인권학술회의(한국인권재단 주최)에서 강정구(동국대), 강창일(배재대), 김동춘(성공회대) 교수 등 민간인학살에 관심 있는 몇 학자들이 첫 모임을 한 후, 4월 6일 위의 교수들을 포함, 정희상(시사저널), 정운현(대한매일) 기자, 김삼웅(대한매일 주필) 등 언론인들과 차미경 국제민주연대 사무국장 등 사회단체 인사들이 모여 전국적인 대응 필요성에 합의했다.

2000년 구례에서 열렸던 민간인학살 관련자 특별세션.

5월 19일에는 구례에서 열린 '제4회 동아시아 인권포럼'에서 별도 세션을 마련, 유족과 학자, 변호사, 언론인, 사회단체 등이 함께 참여하는 전국단체 결성에 뜻을 모았다.

당시 참석자를 보면 서승, 강정구, 강창일, 김동춘, 이이화, 도진순, 김영범 등 학자들 뿐 아니라 이중홍 제주4·3행방불명인 유족회 공동대표, 김영훈 제주도의회 부의장(제주4·3진상규명과 명예회복을 위한 도민연대 상임대표), 허상수 재경 제주4·3 희생자 및 피해자 유족회 사무국장, 김창후 제주4·3연구소, 이영일 여수지역사회연구소장, 신정미 대전참여자치시민연대, 홍근수 양심수후원회 지도의원, 홍범택 전남동부지역사회연구소, 이경숙 고양금정굴유족회 간사 등 함평, 광주, 익산, 화순, 강화, 구례, 함양, 부산 등에서 유족과 사회단체 운동가 50여 명이 참석했다.

경남에서는 김영만 열린사회희망연대 상임대표, 김주완 경남도민일보 시민사회부 차장, 서봉석 산청군의원, 김영이 지리산 외공리 양민학살 진상조사 및 위령제 추진위 간사가 이 모임에 함께 했다.

2000년 들어 경남에서는 '한국전쟁중 미군에 의한 양민학살 경남도대책위원회' (집행위원장 조현기)가 2월 10일 마산 카톨릭여성회관에서 출범했고, 5월 17일에는 창원 카톨릭사회교육회관에서 심포지엄을 열어 당시 전국연합이 제안한 '미국 학살만행 진상규명 전민족특별조사위원회(전민특위)'

참여를 결의했다.

참석자들은 심포지엄을 마친 후 진해 미군사고문단 앞을 찾아 진상규명을 촉구하는 집회를 열기도 했다. 이 집회에는 황점순 할머니 등 곡안리학살 유족들도 다수 참여했다.

한편 김영만과 김주완, 김영이, 서봉석, 이금숙(거제시민신문 기자), 정성인(경남도민일보 기자), 윤성효(진주신문 기자)는 7월 6일 진주신문사에서 첫 회의를 열어 '민간인학살 문제 해결을 위한 경남지역모임' 결성에 합의했다. 이후 3차례 더 회의를 하는 과정에서 박영주(경남근현대사연구회장), 전

2000년 민간인학살경남지역모임 운영위원회.

갑생(경남근현대사연구회 연구원), 김한규(하동사랑청년회장), 한관호(남해신문 편집국장), 박동주(사천민주단체협의회 사무국장) 등이 추가로 운영위원으로 합류했다.

이 모임은 9월 20일 창원 카톨릭사회교육회관에서 발족식과 함께 '민간인학살문제 왜, 어떻게 해결해야 하나'라는 주제로 세미나를 열었다. 세미나에서는 전갑생이 '경남 남부해안지역 민간인학살의 실상', 조현기 미군 양민학살 경남도대책위 집행위원장이 '미군에 의한 경남지역 양민학살의 실상', 김주완이 '경남지역 보도연맹원 학살의 실상'을 발표했다. 마지막으로 김동춘 교수가 '민간인학살 문제 왜, 어떻게

2000년 9월 민간인학살문제해결경남지역모임 발족식 및 토론회.

해결되어야 하나' 라는 주제발표를 했다. 이날 발표에서 김동춘 교수는 "양민학살이라는 용어를 민간인학살로 바꾸자"고 제안했고 참석자들이 수긍했다.

이 모임의 대표간사로는 서봉석이 선출되었다. 또 김영만은 이후 정식 출범한 '한국전쟁 전후 민간인학살 진상규명과 명예회복을 위한 범국민위원회' 공동대표를 맡았다. 당시 자료집을 보면 이 모임에 발기인으로 참여한 93명의 명단이 실려있는데, 발기인 모집을 위한 전단에는 다음과 같은 호소문이 실려 있다.

8·90년대 치열했던 민주화투쟁의 과정에서도 끝내 말하지 못한 것이 있습니다. 그것은 한국현대사의 최대 참극이자 인류 역사에서도 유례를 찾아보기 힘든 50년 전의 대학살이었습니다.

나치의 유태인 학살이나 캄보디아의 킬링필드에는 경악하고 분노하면서 정작 우리나라에서 100만을 헤아리는 비무장 양민이 집단학살된 사실에 대해선 아무도 이야기하지 못했습니다.

가해세력은 이 가공할 범죄를 은폐하기 위해 온갖 수단을 동원해 왔습니다. 그 사실을 입에 올리는 것조차 용공으로 몰았으며, 4·19혁명 이후 어렵게 수습한 유골을 다시 파헤치는가 하면 유가족과 그 친인척까지 연좌제로 묶어 사회활동을 제한했습니다.

그렇게 50년이 흘렀습니다. 철저히 강요된 침묵의 세월이었습니다. 그동안 많은 분야에서 민주화 조치가 이뤄졌으나 유독 이것만은 금기 사항으로 취급됐습니다. 정말이지 지독한 적색 공포증이었습니다.

이제 우리는 말해야 합니다. 더 이상 이 문제를 덮어둔 채 인권과 정의, 민주주의를 이야기할 순 없습니다. 산청에서, 진주에서, 거제에서, 마산에서, 창원에서… 전국의 모든 산골짜기와 바다에서 아군의 총부리에 죽어간 원혼들의 한을 풀어주지 않고서는 21세기의 희망을 이야기할 수 없습니다.

20세기의 뒤틀린 역사를 바로잡고, 무참히 유린된 인권을 다시 일으켜 세우는 작업에 힘을 모아 주십시오.

민간인학살문제 해결을 위한 경남지역준비모임

이후 이 모임은 민간인학살 관련 전국 위령제와 집회 참여, 공동 조사사업 참여, 유족 증언대회 개최, 학살유해 암매장 터 조사, 함양 민간인학살 희생자 전수조사, 유족 심층 인터뷰 등 다양한 사업을 했고, 경남도청 앞에서 상복을 입고 진상규명 특별법 제정

인권의 날 맞이 민간인 학살 특별법제정 촉구.
(2001.12.10 도청 앞)

을 촉구하는 1인 릴레이 시위를 벌이기도 했다.

특히 2001년 8월 9일에는 이 모임 주최로 경남도민일보 3층 강당에서 '50년의 침묵, 50년의 통한, 이제는 말해야 한다'는 슬로건을 걸고 경남지역 민간인학살 유족 증언대회를 열었는데, 100여 명의 유족과 시민이 참여했다.

이 증언대회에는 김동춘 교수와 현재는 고인이 된 채의진 문경유족회장도 참석했다. 증언자로는 노치수, 정재욱, 권판점 등 6명의 유족이 나섰다.

2001년 8월 9일 마산 유족 증언대회.

2001년 8월 21일 거제 증언대회.

2001년 8월 21일 거제 증언대회.

2001년 10월 27일 50년만에 마산역에서 다시 열린 민간인학살 희생자 위령제.

이어 8월 21일에는 거제에서 유족 증언대회를 열었으며, 당일 거제유족회를 발족시켰다.

10월 27일에는 1960년 마산유족회가 처음으로 합동위령제를 열었던 마산역 광장에서 경남지역 합동위령제를 열었다. 이날 위령제는 미군 양민학살 경남대책위와 민간인학살 문제해결을 위한 경남지역모임, 부경유족회 등 3개 단체가 공동주최했다.

　이런 활동을 통해 유족들을 꾸준히 만나면서 각 지역별 유족회 창립을 돕기도 했다. 이런 노력의 덕분에 2005년 노무현 정부 시절 마침내 진실화해를 위한 과거사 정리기본법이 제정되었고, 진실화해위원회가 출범할 수 있게 되었다. 그러나 이명박 정부가 들어서면서 진실과 화해는 중단되었고 박근혜 정부 또한 철저히 외면했다. 아직 갈 길이 멀다는 말이다. 〈글 · 사진 김주완〉

진실화해위원회

진실규명 결정서

〈부산·경남지역 형무소 재소자 희생사건〉

마산형무소 결정요지

결 정 요 지

마산형무소에서는 1950년 7월 5일, 7월 21일~24일, 8월 24일, 9월 21일 네 차례에 걸쳐 최소 717명의 재소자와 보도연맹원들이 마산육군헌병대에게 인계되어 집단살해되었다. 이 중 신원이 확인된 사람은 배명기(직다-583) 외 358명이다. 대다수의 재소자들은 법적 절차 없이 집단살해되었으며, 일부는 군법회의에 회부되어 사형을 언도받고 총살당한 것으로 확인되었다. 또한 7월 15일부터 8월까지 마산지역 상당수의 보도연맹원들은 마산지구CIC와 마산육군헌병대, 마산경찰서 경찰들에 의해 예비검속된 후 마산형무소에 구금되었다. 구금된 보도연맹원들은 A, B, C로 분류되어 재소자들과 함께 집단살해되었다. 7월부터 9월까지 형무소에 상주하던 마산지구CIC와 마산지구헌병대, 마산경찰서 경찰들은 최소 717명의 재소자와 보도연맹원을 마산 구산면 앞바다에서 수장하였다.

■ 마산형무소

마산형무소에서는 전쟁이 발발하고 1950년 7월 좌익사범들을 제외한 일반사범들에 대한 가석방이 진행되었다. 『재소자인명부』에 따르면, 일반사범들은 형기가 남았음에도 7월 5일~10일, 7월 31일~8월 3일, 두 차례에 걸쳐 가석방이 집행되었다고 기록되어 있다. 특히 『수용자신분장』에는 8월 2일 계엄사령부 명령에 의해 106명의 재소자들이 대거 석방된 것으로 기록되어 있다. 가석방이 집행된 재소자들의 죄명은 절도·주거침입·강도·업무횡령·과실치사 등이었으며, 석방된 재소자들의 형기는 징역 8월에서 7년까지의 비교적 단·중기 사범들이었다.

전쟁 직후 있었던 일반사범들의 석방사실은 당시 형무관들의 진술에서도 확인된다. 당시 마산형무소 형무관인 황○○은 7월 어느 날 마산형무소에서 징역을 살던 일반사범들이 풀려났다고 진술하였다. 다른 형무관 김○○도 "전쟁 전 국가보안법 위반자 이외에 사기, 공갈, 협박 등 잡범들도 많았으나, 살인이나 강간 등 악질범을 남겨놓고 전쟁 직후 모두 풀어주었습니다. 국가보안법의 경우 1년을 받아도 내보내지 않았지만, 잡범들은 전쟁이 터지자 도리가 없으니 무기형을 받아도 모두 내보냈습니다"라고 진술하였다.

1) 재소자들에 대한 학살

마산형무소에서는 일반사범의 가석방과 함께 좌익재소자들에 대한 1차 학살이 7월 5일부터 시작되었다.

『재소자인명부』와 『수용자신분장』에 따르면, 1950년 7월 5

일 좌익재소자 36명이 진해해군헌병대로 인계되었다. 이들은 징역 5년~무기형까지의 장기수들이었으며, 정보제공·간첩·구출 음모 등 군 관련 범죄자들이었다. 희생자 배명기(직다-583)는 진해 해군문관으로 1949년 군법회의에서 징역 10년을 언도받고 마산형무소에 수감 중이었다. 그는 『수용자신분장』에 7월 5일 진해해군헌병대로 이송되었다고 기록되어 있다.

또한 참고인 김병희는 자신이 해군사관학교 교수 시절 1949년 7월 해군방첩대에게 연행되었고, 당시 해군 문관이던 김문조, 김진권, 안항도 중령, 안상문도 함께 연행되었다고 하였다. 이후 자신은 당시 미군정 경남도군정장관 질레트의 고문관이던 동아대 정기원 박사의 청으로 석방되었으나, 연행된 다른 사람들은 모두 10년형 이상의 형을 받고 수감된 후 한국전쟁이 터지자 진해 앞바다와 어느 무인도에 끌려가 총살당하였다고 진술하였다. 참고인 김병희가 희생자라고 진술한 김문조와 김진권은 마산형무소 『재소자인명부』에는 마산형무소에 수감되어 있다가 1950년 7월 5일 진해해군헌병대로 인계되었다고 기록되어 있다. 이상을 종합해보면, 7월 5일 진해해군헌병대로 인계된 좌익사범 36명은 모두 집단살해된 것으로 판단된다.

조사결과, 마산형무소 1차 학살과 관련된 진실규명대상자

는 배명기(직다-583: 기결수) 1명이며, 미신청희생자는 35명
(기결수: 34명, 미결수: 1명)이다.

2차 학살은 7월 21일~24일에 있었다. 『재소자인명부』에
따르면, 수감되어 있던 좌익사범 145명 중 111명의 재소자
들이 7월 21일, 7월 24일 마산육군헌병대로 인계되었다고
기록되어 있다. 진실화해위원회가 입수한 『재소자인명부』가
일부임을 감안하더라도 이 무렵 마산형무소에 수감되어 있
던 좌익사범의 75%가 마산육군헌병대로 인계되었다는 기록
은 이 시기에 좌익사범들에 대한 집중 학살이 있었음을 의
미한다. 헌병대로 인계된 재소자들은 국가보안법 위반, 간첩,
소요, 포고령 제2호 위반, 폭동, 정보 제공 등의 죄명을 가지
고 있었다. 또한 『수용자신분장』에서도 90명의 좌익사범들이
마산육군헌병대로 인계되었다고 기록되어 있으므로, 7월 21
일~24일 총 201명이 마산육군헌병대로 인계되어 집단총살
되거나 일부는 군법회의에 넘겨져 총살되었다.
진실화해위원회 조사결과, 7월 21일~24일 마산육군헌병대
로 인계된 201명 중 진실규명대상자 22명이 확인되었다. 즉,
감영생(직다-1506:기결수), 김윤조(직다-3447:기결수), 임홍
규(직다-4255:기결수), 안승범(직다-4628:기결수), 강상석(직
다-4630:미결수), 허수영(직다-5401:기결수), 성재근(직

다-5627:기결수), 제현국(직다-5690:기결수), 김만용(직
다-7088:기결수), 조용복(직다-7375:기결수), 차생길(직
다-7391:기결수), 허종인(직다-7493:기결수), 이기방(직
다-8029:기결수), 이상기(직다-8206기결수), 양봉우(직
다-8304:기결수), 정판금(직다-8720:기결수), 허문상(직
다-8805:기결수), 김숙이(직다-8836기결수), 이두성(직
다-9510:기결수), 이방근(직다-9733:기결수), 이수길(직
다-10141기결수), 임동만(직다-10333:기결수)이 헌병대로
인계되어 살해되었다. 따라서 마산형무소 재소자 2차 학살과
관련된 진실규명대상자는 22명이며, 미신청 희생자는 179명
(기결수: 147명 미결수: 32명)이다.

7월 21일~24일 마산형무소 좌익사범들에 대한 살해사실
은 형무소 관련 자료뿐 아니라 당시 마산형무소 형무관들의
진술에서도 확인된다. 당시 형무관이던 참고인 김○○은 "전
쟁 전부터 수감되었던 좌익사범들을 CIC가 헌병에게 넘겨
처리했다. 당시 간수들과 계호과장, 간수부장이 함께 따라갔
는데, 산으로 가니 이미 일렬로 구덩이를 파놓았고, 데려간
사람들의 눈을 가리고 손을 묶어 총을 쏴서 죽였다. 총을 쏜
사람들은 헌병들이었다"고 진술했으며, 참고인 황○○은 실
제 마산형무소에 수감 중이던 좌익사범들을 CIC가 트럭에

신고 가는 것을 목격하였다고 하였다. 그의 진술은 다음과
같다. "본인이 근무하던 어느 날, 형무소 안 죄수들을 묶어
놓고 대기시키라는 명령이 있었습니다. 그 후 이들을 어디로
데려갔는지 알 수 없으나 CIC가 트럭에 태워 데려갔습니다.
이러한 일이 한 번이 아니라 여러 번 있었습니다."

마산형무소 재소자 2차 학살에 이어 1950년 8월 재소자 3
차 학살이 진행되었다. 『재소자인명부』와 『수용자신분장』에
는 8월 24일 다시 51명의 좌익사범들을 마산육군헌병대에게
인계한 것으로 기록되어 있다. 사건 신청인 송시섭(직
다-5657)은, 아버지 송기현이 마산형무소의 재소자였으며,
1950년 8월 15일 출소 예정이었으나 석방되지 않자 당시 알
고 있던 간수에게 알아보니 마지막 배식 기록이 음력 7월
11일(양력 8월 24일)로 끝나 있었다고 하였다. 실제로 송기
현은 『수용자신분장』의 출감사유에 8월 24일 마산육군헌병
대에게 인계된 것으로 기록되어 있다. 송기현(직다-5657) 이
외에도 신유도(직다-6861: 기결수), 김병점(직다-7466: 기결
수), 김기태(직다-8514: 기결수), 허무(직다-8805:기결수), 전
기종(직다-9717: 기결수)도 8월 24일 마산육군헌병대에 인
계되어 집단 살해 되거나 일부는 군법회의에 회부되어 살해
되었다.

조사결과, 8월 24일 헌병대로 인계되어 3차로 살해된 51명 중 진실규명대상자는 6명(기결수: 6명)이며, 미신청희생자는 45명(기결수: 45명)이다.

재소자들에 대한 학살은 9.28수복 전까지 계속되었다. 『재소자인명부』와 『수용자신분장』에 따르면, 9월 21일 8명의 좌익사범들이 다시 마산육군헌병대에게 인계되었다.

마산육군헌병대에게 넘겨진 8명 중 4명의 재소자는, 『재소자인명부』에 '1950년 7월 31일 만기석방'으로 기록되어 있었다. 따라서 9월경에 희생된 재소자들은 7월경 형기가 종료되었음에도 불구하고 만기석방 대상자를 9월 21일에 처형한 것으로 판단된다. 조사결과, 마산형무소 재소자 4차 학살 관련 신원이 확인된 희생자는 미신청인 8명(기결수:7명, 미결수:1명)이다.

그 외 진실규명 대상자 김돌이(직다-10228), 박중석(직다-7611), 배효술(직다-7022), 조상래(직다-6275), 주용식(직다-8213), 심재인(직다-10338)181), 황삼도(직다-10672), 전호극(미신청인)은 모두 기결수였으며, 마산형무소에 수감 중이었으나, 이 무렵 희생되었음이 『형사판결문』과 참고인 진술을 통해 확인되었다. 즉, 이들 또한 형무소 수감 중 마산육군헌병대에 인계되어 살해되었을 것으로 판단된다.

2) 보도연맹원의 마산형무소 구금과 학살

마산형무소에 수감 중이던 좌익사범들에 대한 학살과 함께 마산시내에서는 보도연맹원을 대대적으로 소집한 뒤 마산형무소에 구금하였다.

7월 15일 마산시내 강남극장(시민극장)에서 헌병과 경찰, CIC가 보도연맹원들을 소집하였다. 1960년 10월 23일 『마산매일신문』에 기재된 전국피학살유족회 대표 노현섭의 고발장 내용을 살펴보면 "4283년 7월 15일 당시 보도연맹원 360명을 마산형무소에 수감한 후 특히 부녀자에게 능욕을 자행하고, 동년 7월 24일부터 9월 초순경까지에 이르러 주로 야음을 이용하여 트럭, 버스에 싣고 산골에서 총살한 후 암매장했는가 하면, 또한 선박을 이용하여 바다에서 살해, 수장하였다"고 기재되어 있다.

노현섭이 고발장에 기술한 보도연맹원 소집 사실은 며칠 후 1950년 『남조선민보』 7월 19일자 기사에서도 확인된다. 이 기사에는 마산지구 위수사령관 이유성 육군 중령이 18일 내방한 기자단과의 회견 석상에서 보도연맹원 문제와 관련하여 '구속된 자 중 극악질자와 일시 남의 괴로움에 빠진 자가 있는데 우리 수사기관에서 조사하여 2일~3일 내에 잘 처리할 것이다'라고 발언한 내용을 기재하고 있다. 이 기사는 7월 15일경 마산시내에서 보도연맹원들에 대한 소집이 대대적으로 있었음을 보여준다.

이렇게 소집된 보도연맹원들은 마산형무소에 구금되었다. 형무관 김○○은 "당시 마산시내 극장에서 보도연맹원들을 소집하여 죽였습니다. 인민군이 들어오자, 보도연맹원들이나 좌익수들이 인민군에게 이 사람 뭐했다 저 사람은 뭐했다라고 지목하였고, 지목된 사람들은 전부 교수형시켰다는 소문이 돌았습니다. 그런 소문이 난 뒤 보도연맹원들이 붙잡혀 왔고, 보도연맹원들이 마산형무소 안에 수감되었습니다. 경비를 서다가 이들을 본적 있습니다"라고 진술하였다.

7월 15일 마산시내 보도연맹원들을 소집하여 마산형무소에 구금한 후, 마산 외곽지역 보도연맹원에 대한 소집과 마산형무소로의 구금은 8월경에도 계속되었다. 보도연맹원 생존자인 김영상은 진전면 곡안리 보도연맹원들이 면사무소에 70여 명 정도 소집되었고, 이후 마산형무소로 수감되었다고 하였다. 그의 진술에서는 보도연맹원 소집날짜를 구체적으로 밝히지 않고 있으나, 앞뒤 맥락을 살펴보면 진전면 곡안리 보도연맹원들의 연행 날짜는 8월 초순인 것으로 확인된다. 따라서 마산시내에서의 보도연맹원 소집 이후, 마산 외곽지역인 진전면, 진북면, 진동면의 보도연맹원들에 대한 소집은 8월까지 계속되었고, 소집된 보도연맹원들은 마산형무소에 수감되었던 것으로 판단된다.

이 무렵 마산형무소에 수감된 보도연맹원들 숫자는 정확하게 확인하기 어렵다. 그러나 7월경 형무소로 파견되었던 마산경찰서 경찰 이○○는 그 숫자가 400~500명에 이른다고 하였다. 당시 마산형무소는 수용 가능인원이 300명이었으므로, 형무소로 온 보도연맹원들은 감방에 다 수용되지 못하고 형무소 마당에 수감되었다.

형무소 마당에 수감되었던 보도연맹원들은 CIC의 강요에 의해 고백서를 썼다. 보도연맹원 생존자인 김영상은 당시 형무소 마당에 수용되어 있을 때, CIC가 보도연맹원들에게 고백서를 강요했다고 하였다. 당시 마을사람들은 고백서를 썼고 자신은 백지를 써 냈는데, 이때 뭔가를 썼던 사람들이 끌려간 것 같다고 진술하였다.

보도연맹원들에 대한 심사와 분류는 CIC에 의해 진행하였다. 죄질이 중한 사람은 A, 다음 중한 사람은 B, 나머지는 C로 분류된 보도연맹원들은 A·B·C 등급에 따라 별도의 감방에 수감되었다. 그러나 분류된 보도연맹원들은 이내 끌려

나가기 시작하였다. 당시 형무관이던 김○○은 'A'로 분류된
사람들은 감방에 가뒀다가 그날 밤 끌려 나가 그 다음날 자
신이 출근해서 보면 없었다고 하였다.

"A로 분류된 사람들은 악질로 분류되어 감방에 가둬놨다가 그
날 밤 끌려 나가 그 다음날 내가 출근해서 보면 없었습니다. B로
분류된 사람들은 다시 A가 되어 그 다음날 다시 끌려갔습니다.
형무관들은 감방 안에 일반잡범 몇 명밖에 없었으므로 밤에는 죄
수들을 관리하지 않았고, CIC가 관리했습니다. 이런 식으로 강남
극장에 모인 보도연맹원들은 모두 끌려나가 죽었습니다. 하루 늦
고 빠르고의 차이만 있을 뿐 살아 집으로 돌아간 사람은 거의 없
습니다."

마산형무소의 보도연맹원 학살은 8월 말까지 계속되었다.
형무관 김○○은 자신의 동서 동생인 옥○○도 시민극장에
소집되었다가 마산형무소로 잡혀왔는데 처서(양력 8월 23일)
에 끌려 나가 죽는 것을 보았으므로, 자신이 사돈집에 이때
제사를 지내라고 말해주었다고 진술하였다. 생존자인 김영상
도 자신과 함께 잡혀온 곡안리 사람들이 감방을 나가던 날
이 8월 23일이라고 기억하고 있었다.

"감방에 들어온 지 열흘 정도 지났을 때, 저와 김돈수, 이달순,

김학봉, 이상수를 제외한 곡안리 사람들이 한꺼번에 불려나갔습니다. 누구 나오라고 이름을 호명하면 나갔는데, 간수가 불렀는지 다른 사람이 불렀는지 잘 모르겠습니다. 한꺼번에 나가면 사는 줄 알고 나머지도 함께 가려고 했었습니다. 저는 불려 나간 사람들이 죽는 줄은 몰랐습니다. 그 때 감방 안에 김학봉과 저만 남고 다 끌려 나갔습니다. 진전면 보도연맹원으로 잡혀간 70여 명 중 살아온 사람은 6~7명 정도였습니다. 저는 날짜를 기억하지 못하지만, 함께 살아나온 김돈수 어르신이 마을사람들이 감방에서 나간 날이 음력 7월 10일(양력 8월 23일)이었다고 말했습니다. 이때 끌려간 사람들을 헌병이 바닷물에 빠뜨렸다는 이야기를 들었습니다."

마산형무소에 수감된 보도연맹원들에 대한 학살은 8월 23일 이후 중단되었다. 형무관 김○○은 옥○○이 죽은 8월 23일은 보도연맹원들에 대한 학살이 거의 끝날 무렵이었다고 진술했으며, 생존자 김영상도 곡안리 보도연맹원들이 감방을 나간 8월 23일이 거의 마지막이었다는 동일한 진술을 하였다. 따라서 7월 15일에 시작된 보도연맹원들에 대한 소집과 마산형무소 수감, 학살은 8월 말 끝난 것으로 확인되었다.

진실화해위원회 조사결과, 마산형무소 보도연맹원 희생사건과 관련하여 진실규명대상자 중 희생이 확인된 사람은 21명이며, 미신청인 중 신원이 확인된 사람은 28명으로, 모두

49명이 희생자로 확인되었다.

3) 재소자와 보도연맹원의 주요 희생장소

이상과 같이 마산형무소 재소자들과 보도연맹원들은 형무소 내 CIC에 의해 분류되어 진해해군헌병대와 마산육군헌병대에 인계되었다. 헌병대에게 인계된 재소자들과 보도연맹원들은 마산 창포동 해안가(현 마산항 제1부두)에서 LST에 실려 나갔다. 당시 이를 목격한 윤봉근의 증언은 다음과 같다.

"철도경찰병원에 근무하던 나는 전쟁이 나고 한 달쯤 뒤인가 출근길에 만난 친구가 '오늘 시민극장에 모여 띠 메고 군대 간다'고 마산시민극장(현 강남극장)에 갔다. 소집 후 20여 일이 지난 어느 날 점심쯤, 밥을 먹으러 창포동 집에 왔다가 병원을 향해 나서는데 갑자기 GMC 트럭이 줄줄이 해안가로 들어왔다. 평소처럼 동양주류 건물 벽에 피난민들이 죽 기댄 채 누워 있었는데 헌병들이 이들을 일으켜 쫓아버렸다. 트럭이 열 몇 대는 족히 돼 보였다.

트럭에서 짚으로 만든 벙거지를 쓴 사람들이 내리는데 모두 손을 뒤로 묶었고, 앞뒤 사람의 허리에도 로프가 묶여 있었다. 옷은 모두 파란 죄수복을 입었다. 그때 옛 유원회사 앞 뱃머리에 미제 상륙함(LST) 두 척이 왔다. 1개 연대병력이 탈 정도로 큰 배였다.

트럭에서 내린 사람들은 곧장 LST에 옮겨 탔다. 나중에 들으니 괭이바다에서 총살 수장했다고 했다.

이 때 괭이바다까지 끌려갔다가 천우신조로 살아나온 선배 이씨를 1950년 말 부산에서 우연히 만났는데, 그의 말에 따르면 군인들이 오랏줄을 묶은 채 사람들을 발로 차서 바다에 처넣은 후 무차별 총질을 했고, 물 위로 머리를 내미는 사람은 집중사격을 받았다. 그때 운 좋게도 그의 손을 묶은 오랏줄에 총알이 명중했다. 그는 물속에서 허리에 묶인 줄을 풀고 LST 밑으로 숨어들어 키를 잡았다. LST는 그 후로도 한참동안 바다 위를 빙빙 돌면서 총질을 했는데, 그는 상황이 끝난 후 군인들의 눈에 띄지 않도록 헤엄쳐 설진리 해안에 닿았고, 붙잡히지 않기 위해 부산으로 도망쳤다. 그는 나보다 일곱 살이 많았는데, 평생 빨갱이 취급을 두려워하다 2002년 사망하였다."

진실화해위원회가 윤봉근씨의 증언을 토대로 현지조사를 한 결과, 윤봉근이 목격한 장소는 현재 마산항 제1부두가로 마산해양항만청의 관할 민간인통제구역이었다.

이렇게 LST에 실린 마산형무소 재소자들과 보도연맹원들은 마산 구산면 앞바다(일명 괭이바다)에서 사살된 것으로 추정된다. 당시 사살된 마산형무소 재소자들과 보도연맹원들의 시체가 조류에 밀려 심리, 안녕, 옥계, 남포마을 등지에서 마을 주민들에 의해 발견되었다.

심리마을 주민 정유호(당시 15세)는 피난 가기 전 마을 앞 바다에서 9구의 시신이 떠올랐다고 진술하였다. 이를 목격한 참고인 정유호는 9구의 시신에 수갑이 채워져 있었고 모두 한데 묶여 있었으며, 아버지 정재옥과 오촌 등 마을사람 20 여 명이 이 시신들을 건져내어 심리마을과 원전마을 중간(현 장수산 장수암 입구: 경남 마산시 구산면 심리 산 21번지)쯤 에 묻어주었다고 하였다.

안녕마을 주민 최분선(당시 25세)과 노만섭(당시21세)도 피난을 갔다 오니 당시 안녕마을 앞바다에 시신이 20구 떠 올랐다고 진술하였다. 당시 시신이 떠오른 곳은 참고인 최분 선의 집안 논(현재 노아주식회사 뒤) 인근이었는데, 노만섭 의 아버지가 구장이어서 신고를 받은 경찰들과 함께 시신을 매장하였다고 하였다. 특히 이를 목격한 노만섭은 시신들이 와이어 줄로 열 명씩 묶여 있었고, 이미 부패되어 냄새가 진 동하였다고 진술하였다.

이외에도 구산면 남포마을과 옥계마을에서도 시신이 떠올 랐다. 남포마을 주민인 안종선(당시 21세)은 남포마을 어귀 에서도 시신이 3구 떠올랐으며, 물길이 심리마을로 흘러 시 신들을 심리마을 사람들이 묻어주었다고 하였다. 옥계마을 주민인 이갑이(당시 15세)도 마을 바다 끝(일명 허이끝)에서 파도에 실려 뼈들이 걸려 든 것을 목격하였다고 하였다.

4) 재소자에 대한 고문과 가혹행위, 병사와 동사

마산형무소도 부산형무소와 마찬가지로 9.28수복 이후 마산지방검찰청의 관할지역에서 부역자처벌과 토벌이 진행되면서 마산형무소에 부역자들이 수감되기 시작했고, 1.4후퇴 이후 인천·경기지역의 특별조치령 위반 재소자들이 LST로 대거 이송되었다.

수용 인원을 초과한 마산형무소의 재소자들은 추위와 질병으로 사망하였다. 또한 수감되기 전 각 지서나 경찰서 조사과정에서 받은 고문과 가혹행위로 인해 건강이 악화된 상태에서 마산형무소의 열악한 수용상황을 견디지 못하고 사망하거나 마산형무소에서 당한 고문으로 사망하였다. 유엔민사처(UNCACK)의 기록에 따르면, 당시 마산형무소의 수용가능인원이 500명인데 수감인원은 895명이고, 환자 중 119명만 병원에 입원해 있고, 38명은 병원에 가지 못하고 있었다. 그리고 한 달 동안 사망한 재소자가 12명으로 기록되어 있었다. 따라서 재소자들은 고문과 가혹행위, 굶주림과 질병으로 건강이 악화되어도 치료조차 제대로 받지 못하고 방치되어 사망하는 경우가 많았다. 이처럼 좌익재소자들을 집단

총살하는 것 이외에도 굶주림, 추위, 질병과 같은 환경에 방치시켜 집단 사망에 이르게 하는 것 또한 집단살해라고 볼 수 있다.

조사 결과, 진실규명 대상자 중 6명이 형무소에서 굶주림과 병으로 사망하거나 고문과 가혹행위로 사망하였다.

김아물(직다-9725)은 1950년 수복 이후 부역혐의로 마산형무소에 수감되었다가 병사하여 마산형무소 공동묘지에 안장되었다. 유태산(직다-10631)은 처가 면회를 할 당시 고문을 받아 건강이 좋지 않은 상태였으나, 갖고 간 솜바지저고리도 넣어주지 못한 채 돌아왔는데, 1951년 5월 19일 옥사하여 두 해 뒤 가족들이 시신을 수습하였다. 그리고 백재기(직다-10004)는 아들 백재갑(1948년 9월 2일 마을에서 경찰관 2명에게 사살당함) 때문에 불순분자의 가족이라며 연행되어 마산형무소 안에서 고문을 심하게 받고, 1950년 12월 19일 옥사하였다. 김재두(직다-10233)는 1949년 연행된 지 두 달 만에 위독하니 데려가라는 연락을 받고 집에 데려왔으나, 한 달도 되지 않아 고문 후유증으로 사망하였다. 김종갑(직다-10332)은 1949년 3월 9일 경남 고성군에서 폭동 이후에 하일지서로 연행되어 구타를 당해 실신했다가 고성경찰서를 거쳐 마산형무소로 수감되었다. 김종갑이 두 달 정도 수감되었을 때 그의 어머니가 면회를 갔는데 간수들이 면회를 시켜주지 않았고, 3일 뒤에 김종갑과 같이 잡혀서 수감된 김종갑의 당숙 김익봉(직다-10332)의 어머니가 면회를 가니 김종갑은 이미 사망했고 김익봉은 고문으로 거의 죽어가는 상태였다. 김익봉도 집으로 데려왔으나 한 달도 되지 않아 고문 후유증으로 사망하였다.

5) 소결

진실화해위원회 조사결과, 마산형무소 재소자 희생사건 희생자 중 신원이 확인된 재소자와 보도연맹원의 수는 다음과 같다. 마산형무소에서 희생된 진실규명대상자는 63명, 미신청인 296명으로 총 359명이다.

진실규명 대상자 63명 중 기결수는 36명, 미결수 6명, 보도연맹원 21명이다. 진실규명 대상자 63명 중 헌병대에 인계되어 집단살해된 사람은 29명이며, 군법회의에 회부되어 사형당한 사람은 11명, 고문과 가혹행위·굶주림과 질병으로 희생된 사람은 6명이다. 나머지 7명의 재소자(기결수)와 10명의 보도연맹원은 7월~8월경 본 사건발생 당시 희생되었다.

미신청인 296명 중 기결수는 234명이며, 미결수는 34명, 보도연맹원은 28명이다. 268명의 재소자 중 216명은 마산육군헌병대와 진해해군헌병대에 인계되어 집단살해되었으며, 나머지 51명은 마산육군헌병대에 인계되어 군법회의에서 '사형' 언도받고 총살당했다. 보도연맹원 28명은 군법회의에서 '사형' 언도받고 총살당했다. 기타 1명은 재소자로 7월 ~8월경 본 사건발생 당시 희생되었다.

사건경위에 따른 마산형무소 신원확인자 수

신청여부	구분 / 수용구분 \ 확인내용	확인자 수							
		군법회의 회부 및 헌병대 인도	육군 헌병대 인도	해군 헌병대 인도	CIC 인도	군법회의 회부	병사 옥사 고문사	기타	총계
신청사건	기결수	–	1	–	–	–	2	3	6
	미결수	2	–	–	–	–	22	–	24
	보도연맹원	–	–	–	–	3	–	3	6
	계	2	1	–	–	3	24	6	36
미신청사건	기결수	–	27	–	–	–	–	1	28
	미결수	59	13	–	–	–	–	–	72
	보도연맹원	–	–	–	7	5	–	–	12
	계	59	40	–	7	5	–	1	112
총계		61	41	–	7	8	24	7	148

※기타 : 형사판결문이나 참고인 진술을 통해 마산형무소에 수감사실이 확인되는 경우

■ 사건 조사 결과

(1) 전체 희생자 수

현재까지 시민단체나 학계에서는 마산형무소 희생사건의 희생자 수를 밝히지 못하였다.

다만 1960년 6월 5일 제4대 국회 양민학살진상특위 조사에서 증인으로 출석한 김용국이 마산의 피학살자 수가 1,681명이라고 밝힘으로써, 마산에서도 희생자가 많았음을 추정해볼 수 있다. 그러나 이 1,681명의 희생자 명단과 1960년 마산유족회가 양민학살진상특위에 제출한 마산지역 양민학살진상규명신고서250명의 명단은 현재 남아있지 않다. 그러나 마산유족회가 양민학살진상특위에 제출한 피학살자 250명은 1960년 10월 23일 『마산매일신문』에 게재된 피학살자 282명의 명단과 동일한 것으로 추정된다.

① 진실화해위원회는 『마산매일신문』에 게재된 피학살자 282명의 신원을 확인하기 위해, 위의 명단을 마산형무소 관련 자료들과 대조하였다. 그 결과 『수용자신분장』에서 23명이 일치되었다. 이 중 4명은 마산육군헌병대로 인계된 재소자였으며, 나머지 19명은 전쟁 전 수감 경력이 있는 보도연맹원으로 확인되었다. 또한 『판결문색인부』의 사형자 명단에

서 36명을 확인하였다. 따라서 『마산매일신문』에 게재된 마산지역 피학살자 282명은 사건 당시 희생된 마산형무소 재소자와 보도연맹원인 것으로 추정된다.

② 진실화해위원회는 마산형무소 『재소자인명부』(1950)와 수용자신분장(1950)에서 '진해해군헌병대와 마산육군헌병대로 인계'된 재소자 296명을 희생자로 추정하였다. '진해해군헌병대와 마산육군헌병대 이감'으로 기록되어 있는 재소자 수는 『재소자인명부』에 143명, 『수용자신분장』에 153명으로 총 296명이다. 그러나 진실화해위원회가 입수한 『재소자인명부』와 『수용자신분장』모두 일부인 것을 감안하면, 이 사건에서 희생된 재소자 수는 296명 이상일 것으로 판단된다.

③ 또한 진실화해위원회가 입수한 판결문색인부에는 마산지역 187명의 사형자 명단이 기록되어 있었다. 이들의 신원을 확인하기 위하여 마산형무소 관련 자료들을 대조한 결과, 마산육군헌병대로 인계된 6명의 재소자가 확인되었다. 또한 보도연맹원으로 마산형무소에 구금된 진실규명대상자 11명이 확인되었으며, 참고인 진술을 통해 마산형무소에 구금된 보도연맹원 28명이 확인되었다. 따라서 진실화해위원회가 입수한 『판결문색인부』에 기록된 마산지역 187명의 사형자들은 마산형무소 재소자와 보도연맹원인것으로 추정된다.

이상과 같은 조사결과, 마산형무소에서 수감되었다가 희생된 재소자와 보도연맹원의 수는 ① 『마산매일신문』에 기재된 282명 ② 『재소자인명부』와 『수용자신분장』에서 진해해군헌병대와 마산육군헌병대로 인계된 296명 ③ 『판결문색인부』 마산지역 사형자 187명을 합한 총계에서 중복자 48명을 제외한 717명이다. 그러나 진실화해위원회가 입수한 마산형무소 자료들이 일부이며, 『마산매일신문』에 게재된 피학살자들이 일주일 동안만 유족들의 신고를 받아 작성한 명단임을 고려하면 실제 희생자 수는 717명을 훨씬 상회할 것으로 추정된다.

(2) 신원이 확인된 희생자 수

① 마산형무소 신청 건수는 62건이며, 진실규명대상자는 63명이다. 조사과정에서 추가로 2명의 진술이 확보되어 신원을 조사한 희생자 수는 65명이다. 이 중 『재소자인명부』와 『수용자신분장』, 『출소좌익수명단』, 『군법회의판결문』, 『형사판결문』을 통해 희생자로 확인된 사람은 46명이다. 자료에 나타나지 않은 19명은 신청인 및 참고인 조사로 희생자 여부를 확인하였다.

② 『재소자인명부』와 『수용자신분장』에 헌병대에 인계된

296명의 명단 중 진실화해위원회에 진실규명을 신청하여 희생자로 확인된 사람은 30명이다. 헌병대에 인계된 이들은 모두 사건 신청 희생자와 함께 1950년 7월 5일~9월 21일까지 헌병대에 인계되었으므로, 나머지 266명도 헌병대에 인계되어 집단살해된 사람들로 판단된다. 따라서 이들 266명은 관련자들이 진실화해위원회에 진실규명을 신청하지 않았으나, 사건 관련 희생자로 확인할 수 있다.

③ 또한, 『판결문색인부』의 사형자 187명 중 참고인 조사를 통해 28명의 보도연맹원이 확인되었다. 이들은 마산 진전면 보도연맹원들로 8월 초 면사무소에 소집되어 마산형무소에 수감된 사실이 생존자 김영상의 진술을 통해 확인되었다. 이들에 대한 참고인들을 통해 희생 여부를 조사한 결과 28명 모두 사망한 것으로 확인되었다. 따라서 진실화해위원회에 진실규명을 신청하지 않았지만 자료를 통해 확인할 수 있는 희생자는 헌병대에 인계된 재소자 268명과 보도연맹원 28명으로 총 296명이다.

이상과 같이, 진실화해위원회에 진실규명을 요구한 신청사건의 희생자 63명 중 마산형무소 자료나 참고인 진술을 통해 신원이 확인된 희생자는 63명이었다. 또한 조사과정 중 추가로 진실규명을 요구한 사건 희생자 2명의 신원이 확인되었고, 미신청인 중 자료를 통해 확인된 희생자는 294명이므로, 조사결과 신원이 확인된 희생자는 모두 359명이다.

괭이바다

노 치 수

마산만을 지나
진해만의 끝자락에
천년의 비밀을 간직한 파도가
끝없이 밀려왔다 밀려가는
푸르디푸른 바다

밤이면 밤마다
거센 파도와 함께
고양이 울음소리가 들린다는
괭이바다

미군함정이 오가던 길목
너울너울 춤추는 파도는
애절한 몸부림인가
통한의 외침인가

1950년 6 · 25전쟁

독재자의 힘으로
마산형무소에 구금한
1681명의 고귀한 생명을
굴비처럼 엮어
야밤에
산골에서 죽이다 못해
수장시켰던 그 바다
임진왜란의 영웅들이 일렁인다

독립운동가도, 사상가도
선생도, 학생도
이 땅을 지켰던 농민도
광란의 총칼에
팔팔한 생명들이 모두
피를 토하며 파도에 밀려가고
고귀한 영혼은 흩어졌다

인간의 존엄도
생명의 자유도
송두리째 수장시켰다

2020년 6월 13일
세월의 무게에 짓눌려
하얗게 바래진 유족들이
학살 70주년을 맞아
총소리와 비명소리가 난무했던
그 바다위에서 추모제를 지낸다

피어오르는 향불 속에
유족들의 가슴은 타들어가고
손에 든 흰 국화의 절규는
돌아오지 않는 메아리로
파도에 부서진다

2009년 2월 18일
진실화해위원회의 결정문
정치적 살해로 규정한
학살현장 괭이바다
거제도에서, 통영에서, 남해에서
학살 수장당한 원혼들이
성난 파도를 타고
끝없이 밀려온다

출처 : 경남도민일보(https://www.idomin.com)

▲ 창원유족회 창립총회(2009.06.20)

▲ 괭이바다 선상에서 합동추모제(2011.11.21)

▲ 불교의식(2013.7.6)

▲ 대마도 태평사(2014.4.27) 1950년 수장당해 떠내려간 무연고지묘 앞에서 절을 하는 창원유족들

▲ 창원유족회 정기총회(2017.3.18)

▲ 제76주기 10차 합동추모제(2017.6.24 괭이바다 선상에서). 추모곡 부르는 이동원 가수

▲ 창원위령탑 제막식 및 합동추모제(2022.11.26)

▲ 제막식 후 희생자위령탑에 묵념

▲ 창원위령탑 제막식 때 참석한 유족 및 내외빈

▲ 창원위령탑 제막식 제례의식

▲ 제73주기 16회(2023.6.10). 창원합동추모제 추모곡(천주교 마산교구 합창단)

▲ 합동추모 헌화(2023.6.10)

경상남도 각 시군별 유해 매장지

「한국전쟁 전후 민간인 집단희생사건 유해매장지 현황조사 보고서」 - 2012. 5
※ 이 보고서는 경남대학교 박물관과 마산YMCA가 기획, 제안하고 경상남도가 예산을 지원하여 이루어진 사업임.
  ■사건분류 - 가: 국민보도연맹사건 나: 민간인 희생사건 다: 형무소재소자사건 라: 미군폭격사건 마: 적대세력

[창원시 집계표]

No.	현장조사표 번호	기초조사표 번호	명 칭(소재지)	현재상태	추정 인원	위치 확인
1	1-가-1	창원-가-1 창원-가, 다-17	창원 여양리 학살/매장지 (창원시 마산 진전면 여양리)	발굴완료	163명 이상	○
2	1-가-2	창원-가-2	창원 현동 골짜기 학살/매장지 (창원시 마산 현동 1566-1번지)	삭평소실	不明	○
3	1-가-3	창원-가-3	창원 두척동 노산 학살/매장지 (창원시 마산 두척동)	협곡	20여명	○
4	1-가-4	창원-가-4 창원-나-18	창원 양곡동 세뱅(병)이 골짜기 학살/매장지 (창원시 양곡동 산29-1번지)	삭평소실	다수	○
5	1-가-5	창원-가-5	창원 성주동 성주사 골짜기 학살/매장지 (창원시 성주동)	야산	不明	○
6	1-가-7	신규추가	창원 서상동 남산 학살/매장지 (창원시 서상동 남산)	공동묘지 아래	50여명	○
7	1-가-8	신규추가	창원 신감리 감천골 학살/매장지 (창원시 마산 내서읍 신감리)	수습완료	12명	○
8	1-가-10	신규추가	창원시 안녕리 큰골/매장지 (창원시 마산 구산면 안녕리)	밭	다수	○
9	1-가-11	창원-다-2	창원시 심리 학살/매장지(장수암 입구) (창원시 마산 구산면 심리 산23-1번지)	도로변 공지	다수	○
10	1-가-12	신규추가	창원 용강리 용암마을 뒷산 매장지 (창원시 동읍 용강리 산157-4번지)	과수원	3명	○
11	1-가-6	신규추가	창원 덕천리 덕천골짜기 학살지 (창원시 동읍 덕천리)	확인불가 (군부대 내)	다수	×
12	1-나-1(A)	창원-나-2	창원 신촌리 북면지서 뒷산 학살/매장지(A) (창원시 북면 신촌리 499-1번지)	밭	10여명	○
13	1-나-1(B)	창원-나-2	창원 신촌리 북면지서 뒷산 학살/매장지(B) (창원시 북면 신촌리 508-2번지)	공터	10여명	○
14	1-나-2	신규추가	창원 신촌리 신리마을 저수지 뒷편 매장지 (창원시 북면 신촌리 신리마을)	과수원	10여명	○
15	1-가-9	창원-다-3	창원 원전 앞 괭이바다 수장지 (창원시 마산 구산면 안녕리)	수장지	다수	×

계 : 매장지 확인 13개소 (발굴가능 9, 발굴 불가능 2, 발굴 완료 1, 수습 완료 1) 추가확인 필요 1
기초조사표 23건, 신규추가 6건

그날의 눈물

발행일 | 2024년 5월 31일
발행처 | 사)한국전쟁민간인희생자창원유족회
발행·편집 | 노치수

펴낸곳 | 도서출판 수우당
주 소 | 창원시 성산구 외동반림로 126번길 50
전 화 | 055-263-7365
이메일 | dlp1482@hanmail.net

ISBN 979-11-91906-30-1-03300

값 12,000원

＊이 책은 2024년 창원유족회 자체 자금으로 발간한 것입니다.